pseud Ignotissimus

Eine Stimme aus Elsass

pseud Ignotissimus
Eine Stimme aus Elsass
ISBN/EAN: 9783744649704

Hergestellt in Europa, USA, Kanada, Australien, Japan

Cover: Foto ©Thomas Meinert / pixelio.de

Weitere Bücher finden Sie auf **www.hansebooks.com**

QUESTIONS DU TEMPS PRÉSENT
(Fragen der Gegenwart)

IGNOTISSIMUS

| EINE STIMME AUS ELSASS | UNE VOIX D'ALSACE |

PARIS
ARMAND COLIN et Cie, ÉDITEURS
Libraires de la Société des Gens de lettres
RUE DE MÉZIÈRES, 5

1896
Tous droits réservés

IOHANNI HEIMWEH

EX IMO CORDE

DEDICAT

IGNOTISSIMVS

> **Mer bliewe bim Alte** (Nous restons fidèles au passé). — *Dialecte alsacien.*
>
> **Ç'nam po tojo** (Ce n'est pas pour toujours). — *Patois messin.*

EINE STIMME AUS ELSASS

(Audiatur et altera pars)

[Gewissen Wahrheiten ist es — unglücklicherweise für ganz Europa — äusserst schwer, sich eine Bahn in Deutschland zu brechen. Einen Herausgeber finden sie daselbst nicht; ebensowenig einen Uebersetzer, falls sie in Frankreich erschienen seien. Im letzteren Falle werden sie aber von den Deutschen nicht gelesen, da jeder Deutsche an Zucht und Disciplin gar zu gewöhnt ist, um sich nicht in aller Zuversicht dem Urteil seiner Zeitung zu fügen, nämlich jede Schrift, welche dem Ruhm der kriegerischen Grossdeutschtümelei nicht gewidmet ist, sei eine Ausgrübelung des französischen Chauvinismus. — Daher kommt die unglaubliche Weise, auf welche die jetzigen elsasslothringischen Verhältnisse, sowie die Stimmung des französischen Volkes, in Deutschland allgemein verkannt werden.

Wie also etwas weiter erklärt wird, sollte vorliegender, besonders für das deutsche Volk geschriebener Aufsatz, in der Monatschrift *Cosmopolis* auf Deutsch erscheinen. Nachdem er von der Direktion aufgenommen, wurde dieselbe durch zwingende Gründe genötigt, mich zu bitten, ihn auf Französisch zu übersetzen. Daher sein verspätetes Erscheinen (im Maihefte von 1896), und — was ich mehr bedauern muss, seine herabgesetzte Wirkungsfähigkeit.

UNE VOIX D'ALSACE

(Audiatur et altera pars)

[Il est des vérités que — malheureusement pour l'Europe entière — on a la plus grande difficulté à faire pénétrer en Allemagne. Il est impossible de les y publier, impossible également d'obtenir qu'elles y soient traduites, quand elles ont paru en France. Or, dans ce dernier cas, elles ne sont pas lues des Allemands, qui sont trop disciplinés pour ne pas accepter de confiance le jugement de leurs journaux; et ces derniers se bornent à mentionner comme une élucubration du chauvinisme français toute publication qui n'est pas consacrée à l'exaltation du pangermanisme conquérant. — C'est ce qui explique la manière incroyable dont on méconnait généralement en Allemagne la situation présente de l'Alsace-Lorraine, ainsi que les sentiments du peuple français.

Comme il est expliqué un peu plus bas, la présente étude, écrite surtout en vue du public allemand, devait paraître en langue allemande dans la revue *Cosmopolis*. Après l'avoir reçue, on dut, pour des raisons de force majeure, me demander de la traduire en français. D'où un certain retard dans sa publication, qui eut lieu dans la livraison de mai 1896, et, ce que je regrette davantage, une notable réduction de sa portée.

Die Gründe dieser Aenderung brauchen hier nicht ausführlich erzählt zu werden. Diese Gelegenheit muss ich aber fassen, der aufmerksamen Unparteilichkeit Herrn Ortmans, des sympatischen Begründers und Direktors von *Cosmopolis*, volle Anerkennung zu geben; von ihm hing es nicht ab, dass die Sache des Friedens und der Gerechtigkeit, in seiner Revue, gegen die Sache der gewaltsamen Unterdrückung mit gleichen Waffen verteidigt sei, und dafür erhalte er meinen aufrichtigen Dank.

Hier ist nun der deutsche Urtext wieder hergestellt. Zwar wird ihm die grosse Ausbreitung fehlen, die ich mir durch seine Veröffentlichung in *Cosmopolis* versprach; vielleicht wird er aber doch von mehreren Deutschen gelesen, die sich von der französischen Uebersetzung abschrecken liessen. Lassen sich darunter einige eine Selbstprüfung und ein heilsames Nachdenken gefallen, so habe ich meine Zeit nicht verloren.]

STRASSBURG, Februar 1896.

Anlässlich einer im ersten Hefte von *Cosmopolis* erschienenen politischen Chronik, sei es einem Elsässer gestattet, die Unparteilichkeit des Herausgebers durch Zusendung einiger, den wirklichen Ansichten der Elsass-Lothringer entsprechenden Erklärungen, in Anspruch zu nehmen. Nicht übertrieben ist nämlich die Behauptung, dass jener Aufsatz in unserem Lande einen höchst peinlichen Eindruck gemacht, desto mehr, da ihm durch seine Veröffentlichung in der sensa-

Je n'ai pas à donner ici le détail des motifs de ce changement. Mais j'ai le devoir de rendre hommage, à cette occasion, à l'attentive impartialité de M. Ortmans, le sympathique fondateur et directeur de *Cosmopolis* : il n'a pas tenu à lui que la cause de la paix et de la justice fût défendue à armes égales, dans sa revue, contre celle de l'oppression guerrière. Je l'en remercie sincèrement.

Du moins le texte allemand original se trouve-t-il ici rétabli. S'il est privé de la grande diffusion que devait lui procurer sa publication dans *Cosmopolis*, j'espère au moins qu'il pourra, de la sorte, être lu de quelques Allemands que la traduction française a pu rebuter. Et si, parmi eux, il s'en trouve quelques-uns qui veuillent bien descendre en eux-mêmes pour faire de salutaires réflexions, je n'aurai pas perdu mon temps.]

Strasbourg, février 1896.

Qu'il soit permis à un Alsacien de faire appel à l'impartialité du *Cosmopolis* en lui adressant, à l'occasion d'une chronique politique parue dans son fascicule de janvier, quelques éclaircissements relatifs aux véritables sentiments de ses compatriotes. Il n'est pas exagéré en effet de dire que l'article en question a produit dans notre pays une impression particulièrement pénible; et cela d'autant plus, qu'il bénéficiait de la sensation soulevée par le premier numéro d'un re-

tionellen Erstlingsnummer eines geradezu vortrefflichen internationalen Organs, eine durchaus allgemeine Verbreitung zu Gute kam.

Dass man am Ende dieser Zeilen den Namen derer Verfasser vermisst, wird man mir wol nicht übel nehmen. Wenn es die hohe Persönlichkeit, welche im deutschen Teile von *Cosmopolis* über die Politik berichtet, angemessen gefunden, sich hinter dem Pseudonym « Ignotus » zu verheimlichen, so ist es um so begreiflicher, dass es meine Hauptsorge sei, « Ignotissimus » zu bleiben.

[Auch muss ich vor allem den Leser um Entschuldigung für mein schlechtes Deutsch bitten. Deutsch ist — nehme man es auf, wie man will — meine Muttersprache nicht : lieber, leichter und besser hätte ich auf Französisch geschrieben. Es schien mir aber passender — und ich freue mich darüber, dass die geehrte Direktion von *Cosmopolis*, der Unparteilichkeit wegen, dasselbe meinte — unsere hiesige Meinung in derselben Sprache, also für dasselbe Publikum, wie die zu widerlegende These, auszudrücken[1].]

1. Dieses Alinea zwischen Klammern gehörte zum deut-

marquable organe international, et qu'il recevait ainsi une diffusion tout à fait universelle.

———

On ne devra pas s'étonner de ne point trouver au bas de ces pages le nom de leur auteur. Si la haute personnalité qui traite les questions politiques dans la partie allemande de *Cosmopolis* juge convenable de se dissimuler derrière le pseudonyme d' « Ignotus », il est bien plus naturel encore que mon souci principal soit de rester « Ignotissimus ».

[Avant tout, je dois prier le lecteur d'excuser mon détestable allemand. L'allemand — qu'on pense de cela ce qu'on voudra — n'est pas ma langue maternelle, et j'aurais écrit ces pages plus volontiers, plus facilement et moins mal en français. Mais il m'a paru plus convenable — et je suis heureux de constater que, dans son impartialité, la Direction de *Cosmopolis* ait partagé cette façon de voir — d'exprimer nos opinions dans la même langue, et par conséquent de les présenter au même public, que la thèse que je me propose de réfuter[1]].

1. Cet alinéa entre crochets figurait dans le texte pri-

* * *

Dass es für die grosse Mehrzahl der Deutschen überhaupt keine elsass-lothringische Frage giebt, ist wolbekannt. Ihre gewöhnlichen Beweisgründe dafür, oder, besser gesagt, die Behauptungen, gegen welche sie jeden Einwand grundsätzlich ablehnen, — wenn sie es nicht bequemer finden, ohne irgend eine Rechtfertigung auf dem Faustrecht zu bleiben — sind : geschichtliche Betrachtungen, militärische Rücksichten, besonders aber die Meinung, der Friede könne nur durch Aufrechthaltung des *Status quo* bewahrt werden, anders gesagt, das Schicksal von Elsass-Lothringen sei auf Ewigkeit durch den Frankfurter Vertrag festgestellt.

Die geschichtliche Entwicklung des Problems ist von vielen Verfassern auf solcher Weise erörtert worden, dass Jedermann, der dafür Zeit und Geduld hat, seine feste Meinung darüber haben mag. Argumente dieser Art bieten einen akademischen,

schen Urtext, wurde aber natürlich in der in *Cosmopolis* erschienenen Uebersetzung gestrichen. Es sei aber hier wiederholt, dass die Unparteilichkeit der geehrten Direktion, welche durch zwingende Umstände dazu getrieben wurde, auf ihre erste, der meinigen entsprechende Absicht, zu verzichten, über allen Zweifeln erhaben ist.

.*.

Chacun sait que, pour l'immense majorité des Allemands, il n'existe pas de question d'Alsace-Lorraine. Les arguments sur lesquels ils appuient cette opinion sont : des considérations historiques, de prétendues nécessités militaires, et surtout cette idée que la paix ne peut être sauvegardée que par le maintien du *statu quo*; autrement dit, que le traité de Francfort a réglé à tout jamais la destinée de l'Alsace-Lorraine. A la vérité, ce sont là, dans leur bouche, moins des arguments, que des affirmations péremptoires, au sujet desquelles, par principe, ils n'admettent aucune discussion ; heureux quand ils ne se bornent pas à invoquer tout crûment le droit du plus fort.

Tant d'auteurs ont étudié les conditions historiques du problème, qu'il suffit de disposer d'assez de temps et de patience pour avoir son opinion faite à cet égard. Mais les arguments de cette catégorie présentent un caractère académique et

mitif, et a été naturellement supprimé dans la traduction française publiée par *Cosmopolis*. Mais je tiens à répéter à ce propos que l'impartialité de cette revue est hors de cause, et que ce sont des circonstances de force majeure qui ont obligé sa Direction à renoncer à son intention primitive, qui était de publier le texte allemand, suivant mon désir.

jeder praktischen Anwendung entbehrenden Charakter dar, dadurch, dass sie, unserer allgemeinen Meinung nach, mit der jetzigen Sachlage nichts zu tun haben. Was Cäsar, Karl des Grossen Nachkommen, oder Ludwig der XIV. über unserer Heimats Angehörigkeit gemeint, ist uns gleichgültig. Wir wollen für uns selbst, unseren Interessen und Neigungen gemäss, behandelt werden, nicht mit Leichnamen zusammengefesselt leben müssen. Sonst sehen wir nicht ein, warum man gerade bei dem germanischen Recht stehen bleiben sollte. Zwar bestand es vor dem französischen Recht; auch dauerte es dreimal länger. Aber vor dem germanischen gab es ein römisches, früher ein gallisches, weiter das einer unbekannten Urbevölkerung; wird man sich etwa endlich gegen uns auf dasjenige irgend welcher Anthropoiden — zum Beispiel der Orang-Utans, nach Renan's ironischem Ausdrucke — berufen?

Von den militärischen Betrachtungen verstehe ich allerdings wenig. Doch muss ich erwähnen, dass man sich bei uns gar schwerlich vorstellen kann, dass Deutschland, mit Elsass-Lothringen als Bollwerk, einem unfreundlichen Frankreich gegenüber, stärker und sicherer sei, als ohne Elsass-Lothringen, einem versöhnten und eng

se refusent à toute application pratique, car, de notre avis à tous, ils n'ont rien à voir avec la situation actuelle. Peu nous importe de savoir à quelle autorité César, les héritiers de Charlemagne, ou Louis XIV, ont jugé que notre patrie devrait être soumise. Nous prétendons être considérés pour nous-mêmes, être traités conformément à nos intérêts et à nos sentiments *à nous*; nous ne voulons pas être contraints de vivre enchaînés à des cadavres. Ou sinon, nous ne voyons pas pourquoi l'on s'en tiendrait justement aux « droits » de l'Allemagne. Il est vrai que ces droits ont précédé ceux de la France, et qu'ils ont duré trois fois plus longtemps; mais avant eux, il y avait ceux de Rome; plus tôt, ceux des Gaulois; et plus tôt encore, ceux d'une population primitive disparue : finira-t-on donc par invoquer contre nous les droits de je ne sais quels anthropopithèques ancêtres de l'homme — ceux des orangs-outangs, suivant la boutade ironique de Renan?

A la vérité, je n'entends pas grand'chose aux questions militaires. Mais je dois noter que l'on a bien de la peine à concevoir chez nous que l'Allemagne, avec l'Alsace-Lorraine pour glacis, mais en face d'une France ennemie, puisse être plus forte et plus en sûreté qu'une Allemagne sans l'Alsace-Lorraine, appuyée sur une étroite alliance

verbündeten Frankreich gegenüber. Hat es ja vor fünfundzwanzig Jahren den viel reicheren, an der Einwohnerzahl damals fast ebenbürtigen, auf Metz und Strassburg verfügenden Nachbarstaat, auf unerhörte Weise geschlagen. Heutzutage ist Deutschlands Einheit gegen dem Auslande undiskutierbar, und in der Tat undiskutiert; an der Bevölkerung übertrifft es Frankreich um volle 30 Prozent; der Reichtumsunterschied ist bedeutend verringert worden; die immer vervollkommnete Armee wird überall mit vollem Recht als das furchtbarste bestehende Schutz- und Trutz-Instrument betrachtet. Gegen eine solche Uebermacht hat aber einstweilen Frankreich, unter der Leitung derjenigen Partei, welche das stehende Heer einst aufheben wollte, seinem natürlichen demokratischen Entwicklungsprozesse widersprechende Rüstungen aufhäufen müssen, Rüstungen wie sie Napoleon selbst kaum geträumt hätte : so dass, trotz der natürlichen Ueberlegenheit Deutschlands und der im Jahre 1871 erworbenen Vorteile, beide Länder heutzutage in militärischer Hinsicht weniger ungleich sind, als wie zuvor. Verdoppelte militärische Lasten, unaufhörliche Besorgniss, höchst bedenkliche Fortschritte der Sozialdemokratie, stellen endlich den von Deutschland aus Elsass-Lothringen gewonnenen Vorteil, vor,

avec la France réconciliée : aussi bien, il y vingt-cinq ans, a-t-elle infligé des défaites inouïes à sa voisine, plus riche qu'elle, presque égale en population, et disposant de Metz et de Strasbourg. Aujourd'hui, l'unité allemande est indiscutable, et indiscutée en fait ; sa population est de 30 pour cent supérieure à celle de la France ; et son armée, incessamment perfectionnée, est considérée partout à bon droit comme le plus formidable instrument d'attaque et de défense qui existe. Cependant, en présence d'une telle supériorité, la France, sous le gouvernement de ce même parti qui voulait jadis supprimer l'armée permanente, a dû aller contre le développement naturel de son évolution démocratique, en accumulant des armements tels, que Napoléon n'en eût pas rêvé de semblables : si bien que, malgré les avantages naturels de l'Allemagne, et malgré ceux qu'elle leur a ajoutés en 1871, l'écart entre les puissances militaires des deux pays est moindre qu'auparavant. Augmentation des charges militaires, inquiétude continuelle, progrès redoutables du socialisme, voilà en fin de compte ce que la possession de l'Alsace-Lorraine a rapporté à l'Allemagne.

Was endlich den Frankfurter Vertrag betrifft, so darf man doch billigerweise behaupten, dass er nur ein Werk der Menschen, kein unberührbares Dogma ist. Eine ganze Reihe europäischer Verträge hat er gewaltsam vernichtet : durch welche besondere, unerhörte Eigenschaft sollte er zu einem Ewigkeitsprivilegium berechtigt sein? An einen Friedensbruch zwischen Frankreich und Deutschland denkt glücklicherweise kein Mensch; dagegen bleibt aber das Streben nach einer friedlichen Ausgleichung, in Hinsicht auf eine versöhnliche Revision des Frankfurter Vertrags, nicht nur nicht ausgeschlossen, sondern wird es in allen Ländern, von einer beständig wachsenden Anzahl vernünftiger Menschenfreunde, als eine reine Pflicht betrachtet. Was uns aber besonders betrifft, ist dieser Vertrag nichts mehr als *res acta inter alios*, also *res nulla*.

**

Verfasser der oben erwähnten Chronik in *Cosmopolis* benutzt zwar den in Deutschland üblichen Ausdruck : die « sogenannte » elsass-lothringische Frage. Was aber seinem Aufsatz ein ganz besonderes Interesse verleiht, ist, dass er auf alle jene, der Staatsraison zurückführbaren Erklärungen

Enfin, en ce qui concerne le traité de Francfort, il est bien permis de soutenir qu'il n'est qu'une œuvre humaine, non un dogme intangible. Il a déchiré toute une série de traités européens : quelle qualité particulière et inouïe présente-t-il donc, qui lui confère le privilège de la perpétuité? Personne, heureusement, ne songe à rompre la paix entre la France et l'Allemagne; mais il n'est pas interdit d'aspirer à un arrangement pacifique, en vue d'une revision amiable de ce traité, et chaque jour voit croître, en tous pays, le nombre des hommes de bon sens qui se font un devoir de travailler dans ce sens. Quant à nous, Alsaciens-Lorrains, ce traité n'est que *res acta inter alios*, c'est-à-dire *res nulla*.

**

Bien entendu, le chroniqueur auquel je réponds ici se conforme à l'usage constant de ses compatriotes, en qualifiant la question d'Alsace-Lorraine de « prétendue » question. Mais ce qui procure à son article un intérêt tout particulier, c'est qu'il renonce à tous les arguments que je viens de

seiner Landsleute, verzichtet, und sich auf das einzige Argument beruft, welches die Franzosen und Elsass-Lothringer — falls es bewiesen wäre — als treffend betrachten würden, nämlich auf die angeblich nunmehr vollendete Verdeutschung der widerwillen annektierten Bevölkerung.

Höchst bedeutend ist dieser Punkt. Daraus folgt nämlich, dass ich hier diese, in Deutschland leider noch nicht banal gewordene Wahrheit, nicht auseinanderzusetzen brauche, dass nämlich eine einfache Verneinung keine Berechtigung giebt, eine Frage « sogenannt » zu heissen, da gerade dadurch, dass eine Frage *einer* Nation oder *einer* Bevölkerung offen *scheint*, dieselbe in der Tat geöffnet *ist*. Daraus, dass uns die angeblich vorhandene Germanisierung der Einwohner als Grund gegeben wird, dass keine elsässische Frage besteht, geht offenbar hervor, dass, wenn diese Prämisse als irrtümlich bewiesen wird, der Schluss — und zwar das Nichtsein der elsasslothringischen Frage — somit abfällt.

* * *

Nun aber kann ich nicht umhin, mit zwei bedenklichen Einwendungen zur Sache zu kommen. Erstens erscheint es doch immer als ein wirk-

rappeler, et qui se ramènent à la raison d'État, pour employer le seul qui, s'il était démontré exact, serait considéré comme topique par les Français et par nous : à l'entendre, notre germanisation serait dès maintenant accomplie.

Ce point est d'une grande importance. Il en résulte, en effet, que je n'aurai pas ici à démontrer une fois de plus cette vérité — qui malheureusement n'est pas encore devenue une banalité en Allemagne — qu'il ne suffit pas d'une simple négation pour permettre de qualifier une question de « prétendue », et qu'au contraire, par cela seul qu'une nation ou une population considère une question comme ouverte, cette question est ouverte en effet. Du moment que, pour contester l'existence de la question alsacienne, on s'appuie uniquement sur la prétendue germanisation des habitants, il est clair que, si cette prémisse est reconnue erronée, la conclusion tombe avec elle.

* * *

Je suis bien obligé de commencer cette démonstration par deux objections graves.

En premier lieu, ce n'est pas un procédé des

lich fehlerhaftes Verfahren, eine Debatte durch ein frühzeitiges Endurteil in aller Eile zu schliessen, nachdem nur eine von beiden entgegengesetzten Parteien das Wort geführt,... besonders, wenn zufälligerweise gerade diejenige zuerst gesprochen, welche mit der eigenen Meinung des spontanen, in der Sache beteiligten Richters, übereinstimmt. Und nicht nur wurden hier die energischen Beteuerungen der Gegenpartei überhört, sondern dass die Zeugnisse, auf welche man sich stützte, entweder verdächtig sind, oder gar vom Zeugen selbst öffentlich geleugnet wurden, davon scheint man erstaunlicherweise in Deutschland nichts zu wissen!

Zweitens stellt man sich gewöhnlich, jenseits des Rheins, sowol die französischen, als auch die elsass-lothringischen Anschauungen durchaus irrtümlich vor; und auf die Gefahr eines wesentlichen Irrtums bei der Abhandlung jener verhängnissvollen Frage, braucht kaum hingewiesen zu werden.

.*.

Was wir zu unserem Erstaunen, in *Cosmopolis*, von unserer angeblichen Germanisierung gelesen, stützte sich auf die im pariser *Matin* im ver-

plus corrects, que de clore hâtivement un débat après n'avoir entendu qu'une des parties opposées... surtout quand il se trouve que celui qui s'est improvisé juge est intéressé dans l'affaire, et que la parole est échue d'abord à la partie dont il partage la tendance. Et non seulement, dans le cas présent, on a fermé l'oreille aux énergiques protestations de l'autre camp, mais encore, chose bien étonnante, on semble ignorer en Allemagne ce fait avéré, que les témoignages sur lesquels on s'est appuyé sont suspects, ou bien même ont été publiquement démentis par ceux-là mêmes à qui on les a prêtés !

En second lieu, on se fait, outre-Rhin, l'idée la plus fausse des points de vue français et alsacien-lorrain de la question ; et il est inutile d'insister sur le danger que présente une semblable erreur fondamentale, quand il s'agit d'une question aussi menaçante.

*
* *

Ce sont les « interviews » de MM. Zorn de Boulach, Pétri et Guerber, publiés en août dernier dans le journal parisien le *Matin*, qui nous ont

flossenen Monat August veröffentlichten « Interviews » der Herren Zorn von Bulach, Petri und Guerber.

Von einem unserer Minister und von einem einstigen Abgeordneten — ich muss mir nämlich erlauben, den Verfasser darauf aufmerksam zu machen, dass Herr Petri kein jetziger, sondern wol ein *gewesener* Abgeordneter ist — von zwei so vornehmen Herren will ich mich nicht unterstehen, etwa übel zu reden. Doch darf ich wol bemerken, dass hier beide als Kläger und Richter in einer Person erscheinen. Vor langer Zeit wurden sie schon, durch ihren interessierten und wolbelohnten Neubekehrten- (bei uns sagt man Renegaten-) Eifer, wolbegreiflich dazu verleitet, die Germanisierung, welche ja ihr Werk sein sollte, als beständig zunehmend zu schildern; sie taten es schon bereits, als noch kein einziger Altdeutscher daran glauben wollte. Ein Tag musste doch endlich kommen, wo sie das Meisterstück als vollendet erklären würden. Ist ja diese Behauptung zugleich ihre Rechtfertigung hinsichtlich des verratenen Vaterlands, und, wo nicht ihr Brotverdienst, jedoch, so zu sagen, ihr « Ehrenverdienst »!

valu la surprise de lire dans *Cosmopolis* que nous étions désormais germanisés.

Je ne voudrais certes pas me hasarder à mal parler de deux personnages aussi considérables qu'un de nos ministres actuels et un de nos anciens députés (je dois faire observer à ce propos à Ignotus que M. Pétri a perdu son siège au Reichstag) ; mais il me sera permis de remarquer que tous deux sont ici à la fois juges et parties. Il y a beau temps que, dans leur zèle intéressé et bien payé de néophytes (ou plutôt de renégats, comme on dit chez nous) ils déclarent la germanisation en voie de progression continue : cela était bien naturel, puisqu'elle devait être leur œuvre, et ils parlaient déjà de la sorte, alors que pas un Allemand ne les aurait crus. Aussi bien trouvent-ils dans cette affirmation leur justification vis-à-vis de la patrie qu'ils ont trahie, et, sinon leur gagne-pain, du moins ce que l'on pourrait appeler leur « gagne-honneurs » !

Was aber den Abbé Guerber betrifft, so soll sich
derselbe auf folgende Weise geäussert haben :
« Wir haben uns völlig mit der bestehenden
Sachlage abgefunden. » Nur Schade, dass er sobald diese unerwarteten Worte ausdrücklich für
erfunden erklärte! Folgendes schrieb er nämlich
an die Zeitung *L'Alsacien*[1] :

Durch einen Wiederabdruck der Zeitung *Le Lorrain* ist
mir soeben das wunderliche Faktum des *Matin* bekannt
geworden. Ein einziger Punkt darin ist genau : ich habe,
in der Tat, dem Reporter des *Matin* offen erklärt, dass
Deutschland, meiner Meinung nach, Elsass-Lothringen an
Frankreich zurücktreten weder könne, noch möge. Deutsche
Blätter haben davon eine Uebersetzung gegeben, wonach
Elsass-Lothringen nicht mehr französisch werden will.
Allerdings schreibt mir der Korrespondent des *Matin* diese
Worte nicht zu; die *Reichszeitung* und die Strassburger
Post tun es aber. Uebrigens bieten schon die bezüglichen
Wiederabdrucke der verschiedenen Zeitungen eine schöne
Sammlung von Widersprüchen. Kurz, man hat aus meinen
Worten eine Unmasse von Hypothesen ausgegrübelt, und
hat sie sogar verstümmelt. Jeder mag darin nehmen, was
ihm gefällt. Was mich anbelangt, ich behaupte, nur dieses
gesagt zu haben : « Deutschland will und kann Elsass-
Lothringen nicht zurückgeben. »

Das ist doch eine weit andere Sache! Denn
erstens ist die Meinung nicht ausgeschlossen,

1. Siehe *Le Temps* vom 25. August 1895.

Quant à l'abbé Guerber, il aurait dit : « Nous acceptons sans arrière-pensée le fait accompli. » Il est seulement dommage qu'il ait aussitôt déclaré ce propos apocryphe! Voici en effet ce qu'il écrivit aussitôt au journal l'*Alsacien*[1] :

> Je viens de prendre connaissance, par une reproduction du *Lorrain*, du factum fantaisiste paru dans le *Matin*. Un seul point y est exact : J'ai, en effet, déclaré sans détours au reporter du *Matin* qu'à mon avis l'Allemagne ne pouvait ni ne voulait restituer l'Alsace-Lorraine à la France. Des journaux allemands ont donné la version que l'Alsace-Lorraine ne voulait pas redevenir française. Le reporter du *Matin* ne me fait pas, il est vrai, dire cela; mais la *Reichszeitung* et la *Post* de Strasbourg me l'attribuent. D'ailleurs, on trouve déjà à ce sujet une jolie collection de contradictions dans les reproductions des différents journaux. En un mot, on a déduit de mes paroles un tas d'hypothèses et on les a même tronquées. Que chacun y prenne ce qui lui convient. Quant à moi, je prétends avoir dit uniquement ceci : « L'Allemagne ne veut ni ne peut rendre l'Alsace-Lorraine. »

C'est là une tout autre affaire! Car, en premier lieu, rien n'interdit de supposer que les dis-

1. Voir le *Temps* du 25 août 1895.

Deutschlands Gesinnungen könnten sich unter Umständen ändern. Die schneidige Aeusserung des pseudonymen Chronisten, « die Ereignisse von 1870-1871 haben ein Definitivum geschaffen », mangelt nämlich offenbar an Objectivität. Nach Moritz Adler's treffendem Worte : « Feste politische Grenzen kann es vielleicht, unter *einer* Voraussetzung — *auf dem Monde* geben. Die Voraussetzung ist, dass er vor seiner Vereisung von Menschen bewohnt gewesen sei[1]. »

Und zweitens sprach der Abbé, sogar bei der jetzigen herrschenden Stimmung in Deutschland, nur von der Unwahrscheinlichkeit einer Abtretung *an Frankreich*. Darüber werde ich am Ende dieser Studie zurückkommen.

Wie dem auch sei, ich brauche eigentlich hier nur die an uns gerichtete Bemerkung dem deutschen Verfasser zurückzuweisen : « In der internationalen Politik sind Illusionen vor allem gefährlich ». Wie konnte man sich denn in Deutschland, unter den vielen wunderlichen Illusionen, die man über unsere Verhältnisse hegt, sich auch noch einbilden, dass Abbé Guerber, unser Deputierten-Aeltester, der Vertreter von Gebweiler

---

[1]. *Der babylonische Thurmbau und die politischen Grenzen*. von Moritz Adler (Dresden, Pierson's Verlag, 1895).

positions de l'Allemagne puissent se modifier, le cas échéant. Le chroniqueur pseudonyme a beau nous dire en effet que « les événements de 1870-1871 ont créé un état de choses définitif, » cette affirmation tranchante est dépourvue de tout fondement réel. Suivant l'expression frappante de M. Moritz Adler : « S'il existe quelque part des frontières politiques immuables, ce ne peut être que sur la lune ; et encore faut-il supposer pour cela qu'avant de se congeler, la lune ait porté des hommes[2]. »

Et d'autre part, même en s'en tenant à l'état actuel des esprits en Allemagne, l'abbé ne parlait que de l'invraisemblance d'une rétrocession à *la France*. C'est là un point sur lequel je reviendrai à la fin de cette étude.

Quoi qu'il en soit, je ne puis que renvoyer à l'auteur allemand l'observation qu'il nous adressait : « La chose la plus dangereuse en politique internationale, ce sont les illusions. » Comment donc, entre autres illusions étonnantes que l'on nourrit en Allemagne sur notre compte, a-t-on bien pu s'imaginer que l'abbé Guerber, le doyen de nos députés, qui représente Guebwiller au Reichstag depuis les premières élections de 1874,

1. *La tour de Babel et les frontières politiques*, par Moritz Adler (Dresde, Pierson 1895).

im Reichstag seit den ersten Wahlen von 1874, dessen kluge, durch viele den Deutschen augenscheinlich unbekannten Angelegenheiten zugezwungene Vorsicht, der hartnäckigsten Festigkeit zu Hülfe kommt, — wie war es nun möglich, sich einzubilden, dass dieser Mann eine, seit einem Vierteljahrhundert von seinen Mitbürgern ununterbrochen gutgeheissene Protestler-Carrière, mit einer Verleugnung enden würde? Gerade so wahrscheinlich könnte man vermuten, er habe sich zum Islam bekehrt!

Zur selben Zeit gab ein anderer wolbekannter Elsass-Lothringer, Herr H. Lanique, in der Zeitung *Le Messin*, einen mutigen und charakteristischen Protest aus, worin er unter Anderem sagte :

Wir wissen, dass diejenigen Völker, welche sich dahingeben, verschwinden müssen, wohingegen Hartnäckigkeit fast immer zum Ziele führt.
Letztere ist, für die kleinen Völker, welche die Macht nicht besitzen, das einzige Mittel, ihr Recht zur Geltung zu bringen.
Das haben die Balkanvölker getan, das tut heute noch Irland.
Wir Männer der alten Generation, indem wir uns den

et dont la sage prudence, imposée par mille circonstances apparemment inconnues des Allemands, ne fait que rendre plus efficace l'énergie indomptable, — comment a-t-on pu supposer que cet homme couronnerait d'une apostasie une carrière vouée à la protestation, et approuvée par ses concitoyens pendant tout un quart de siècle? Autant prétendre qu'il se soit converti à l'islamisme!

A la même époque, un autre Alsacien-Lorrain bien connu, M. H. Lanique, faisait paraître dans le *Messin* une protestation aussi courageuse que caractéristique, où il disait entre autres choses :

> Nous savons que les peuples qui s'abandonnent sont destinés à disparaître, tandis que, presque toujours, l'opiniâtreté porte ses fruits.
> C'est, pour les petits peuples qui n'ont pas la force, le seul moyen de faire valoir leurs droits.
> C'est ce qu'ont fait les Balkans, c'est ce que fait l'Irlande.
> Nous autres, hommes de la vieille génération, tout en

Geschäften des Landes widmen, indem wir für Elsass-Lothringen die Rechte und Freiheiten, die es entbehrt, verlangen, wir bleiben jedoch, was wir immer gewesen.

Wir erfüllen unsere Pflichten, und schliessen zugleich unsere Gefühle in unsere Herzen ein; und unsere Herzen, sowie die Gräber, nach welchen man neulich eine rührende Wallfahrt beiderseits machte, behalten ihr Geheimniss!

Bald kommen die jungen Generationen an die Reihe.

Ob sie sich wol wesentlich von uns unterscheiden werden?»

Diese Frage beantwortete Herr Lanique mit einem Citate aus der feurigen Rede, in welcher der Abgeordnete Preiss dem Reichstage, im Namen der jungen Generation, voraussagte, dieselbe würde einen noch weit energischeren Widerstand leisten, als die frühere (Sitzung vom 30. Januar 1895).

Ist es denn unter den hiesigen Verhältnissen menschenmöglich, deutlicher zu reden?

Die Proteste, welche den französischen Blättern aus Elsass zukamen (siehe z. B. den *Temps* vom 26. August), will ich nicht erwähnen, obschon ich deren Echtheit bezeugen könnte : da sie nämlich begreiflicher Weise anonym waren, und

UNE VOIX D'ALSACE.

nous consacrant aux affaires du pays, tout en réclamant pour l'Alsace-Lorraine des droits et des franchises dont elle manque, nous n'en restons pas moins ce que nous avons toujours été !

Tout en accomplissant nos devoirs, nous renfermons nos sentiments dans nos cœurs, comme les tombes où, de part et d'autre, on vient d'aller en touchant pèlerinage, gardent leur secret !

A bientôt le tour des jeunes générations !

Seront-elles bien différentes de nous ? »

A cette question, M. Lanique répondait en citant le discours enflammé dans lequel le député Preiss annonçait au Reichstag, au nom de la jeune génération, que cette dernière résisterait encore plus énergiquement que la précédente (séance du 30 janvier 1895).

Est-il humainement possible de parler plus clairement, dans les conditions où nous vivons ici ?

Je ne parlerai pas des protestations que les journaux français reçurent d'Alsace (voir par exemple le *Temps* du 26 août). J'en pourrais bien attester l'authenticité ; mais comme elles étaient naturellement anonymes, et qu'elles doivent

solcherlei bleiben müssen, würde in Deutschland auf dieselben keine Rücksicht genommen werden. Aus der französischen Presse will ich also nur die Erklärung der « Schutzgesellschaft für die französisch gebliebenen Elsass-Lothringer », deren Vorstand Graf d'Haussonville ist, anführen[1]. Daraus konnte man ersehen, dass diese Gesellschaft im laufenden Jahre 5090 dürftige Auswanderer aus dem Reichslande, gegen 4900 und 4400 während der beiden vorigen Jahre, unterstützen musste, ein trauriger Beweis dafür, dass sich doch die Bevölkerung daheim immer nicht so wol befindet, als man es deutscherseits vermutet!

* * *

Ein Ausländer wird auch zu Hülfe gerufen, der Engländer S. J. Capper, der unvermeidliche Capper, dessen Aufsatz in der *Contemporary Review* (Juli 1894) zum Steckenpferd der deutschen Presse geworden ist. — um so mehr, da Herr Capper bis jetzt *der einzige* Ausländer gewesen ist, der etwas vom « Fortschritt der Germanisierung » gemerkt hat! Dass sich aber Capper in derselben Schrift selbst widersprochen hat, indem er geäussert, dass Diktaturparagraph und Ausnahmegesetze die grossen Hindernisse gegen die Germa-

<hr>

1. Siehe den *Temps* vom 28. August 1895.

rester telles, on n'en tiendrait aucun compte en Allemagne. Je me bornerai donc à citer la note communiquée aux journaux par la Société de protection des Alsaciens-Lorrains demeurés Français, que préside le comte d'Haussonville[1]. Il en résultait que cette Société avait dû secourir dans l'année courante 5090 émigrés indigents, contre 4900 et 4400 pendant les deux exercices précédents; voilà de quoi prouver lamentablement que la population du Reichsland ne se trouve pas encore si bien au pays, qu'on se plait à le dire en Allemagne.

.*.

Il y a aussi un étranger qu'on appelle à la rescousse, l'Anglais S. J. Capper, l'inévitable Capper, dont l'article paru dans la *Contemporary Review* (juillet 1894) est devenu le cheval de bataille de la presse allemande, — chose peu étonnante, quand on sait que M. Capper est, jusqu'ici, le seul étranger qui ait remarqué quelque chose des « progrès de la germanisation »! Il est vrai que, dans cet écrit même, M. Capper s'est contredit, en avançant que la dictature et les lois d'exception sont les grands obstacles qui s'oppo-

---

[1] Voir *Le Temps* du 28 août 1895.

nisierung bilden — woraus man doch schliessen darf, dass eine Verwandlung, welcher noch bedeutende Hindernisse bevorstehen, ja nicht als vollzogen betrachtet werden kann, — davon hat in Deutschland kein Mensch etwas gemerkt!

Wie viele Engländer hingegen (um bei der von Ignotus hervorgehobenen « angelsächsischen Sachlichkeit » zu bleiben) haben sich entschieden im Gegensatze zu Herrn Capper ausgesprochen! Ich brauche nur auf die Namen von Beesly, Charles Dilke, Harrisson, Hodgson Pratt, Amiral Maxse (Verfasser einer zugleich auf Englisch und auf Französisch unter dem Titel *Das deutsche Joch* erschienenen Broschüre), auf Henry Wolff's Aufsatz in der *Westminster Review* von Dezember 1890, auf desselben Verfassers Buch *The Country of the Vosges* (London, 1891), auf Frau Betham-Edward's Werk *France of to-day, a survey comparative and retrospective* (London, Percival, 1892), auf General Showers Aufsatz in *Vanity Fair* (29. Juni 1893), ferner auf den Aufsatz in der *Contemporary Review* von Dezember 1893, endlich auf den jüngst herausgegebenen Roman *Marmaduke, emperor of Europe*, aufmerksam zu machen.

**

Den wirksamsten Beistand leisten mir aber

sent à la germanisation, d'où il est permis de conclure qu'un mouvement qui rencontre encore de grands obstacles, peut difficilement être considéré comme accompli ; mais cela, personne ne l'a remarqué en Allemagne.

Ce qu'on n'y a pas remarqué davantage, ce sont (pour nous en tenir à la « droiture anglo-saxonne » qu'Ignotus met en avant à propos de M. Capper) les nombreux Anglais qui se sont nettement prononcés en sens opposé. Il me suffira de citer les noms de Beesley, Charles Dilke, Harrison, Hodgson Pratt, et l'amiral Maxse (auteur d'une brochure parue à la fois en anglais et en français sous le titre *Le Joug allemand*), l'article de M. Henry Wolff dans la *Westminster Review* de décembre 1890, l'ouvrage du même auteur, *The Country of the Vosges* (Londres, 1891), celui de Mme Bethan Edwards, *France of to-day, a survey comparative and retrospective* (Londres, Percival, 1892) ; l'article du général Showers dans *Vanity Fair* (20 juin 1895), celui de la *Contemporary Review* de décembre 1895, enfin le roman récent, *Marmaduke, Emperor of Europe* (Chelmsford et Londres, 1892).

* * *

Mais ce ne sont ni les Alsaciens-Lorrains, ni les

weder die Elsass-Lothringer, noch die Franzosen, noch irgend welche Ausländer, sondern ganz einfach die während der letzten Monate in deutschen Zeitungen festgestellten Tatsachen.

Leider muss ich hier offen gestehen, dass, so interessant diese Blätter für unsere Sache sein mögen, ich dieselben nicht beziehe, und deren folgende Auszüge aus einer französischen zuverlässigen Uebersetzung wieder ins Deutsche übersetzen musste, so dass sie wol freilich mit dem Sinne, aber nicht mit dem Buchstaben des Urtextes übereinstimmen[1].

———

Schon im Frühjahr (15. April 1895) hatte Prof. Herkner in der *Zukunft* mit Verdruss konstatiert, dass das Deutschtum im Reichslande bis jetzt keinen Fortschritt gemacht, und dass man einen solchen keineswegs erwarten darf, da die Regierungsmassregeln, welche — seiner Meinung nach — dieses Misslingen verursacht haben,

---

1. Daher kommt auch, dass das hier bei jedem Citate angegebene Datum nur annähernd genau ist, da es sich auf die französische, um ein paar Tage spätere Uebersetzung, bezieht.

Français, ni des étrangers quelconques, qui nous fournissent les arguments les plus topiques ; ce sont tout bonnement les journaux allemands, avec les faits qu'ils ont rapportés durant ces derniers mois.

Je dois avouer toutefois que, malgré tout l'intérêt que ces organes présentent pour nos affaires, je ne les reçois pas tous ; les extraits que j'en donne ci-après ont donc été retraduits par moi en allemand, d'après une traduction française digne de foi, de sorte que, tout en étant d'accord avec le texte primitif quant au fond, ils ne lui sont pas identiques[1].

Dès le printemps dernier, le professeur Herkner avait constaté dans la *Zukunft* que le germanisme n'avait encore fait aucun progrès au Reichsland ; et il ne voyait aucun remède à cet état de choses, car il l'attribuait surtout aux procédés de gouvernement appliqués en Alsace-Lorraine, et, disait-il, ces procédés semblent devoir être étendus pro-

---

1. De là vient également que la date qui accompagne chaque citation, dans le texte primitif allemand ci-contre, n'est qu'approximativement exacte, puisqu'elle se rapporte à la traduction française, postérieure de quelques jours.

wahrscheinlich nicht nur daselbst aufrecht erhalten, sondern vielmehr in ganz Deutschland künftig eingeführt werden.

Im August kamen die unerklärlichen Briefe des *Matin* vor.

Nach einem kurzen Jubelgeschrei, mussten die Deutschen etwas von Guerber's Dementi, von Lanique's Erklärung, von den elsässischen Protesten in allen französischen Zeitungen, sowie auch von der rasch zunehmenden Tätigkeit der elsass-lothringischen Volkspartei, wahrnehmen.

Zuerst (25. August) widmete das *Fürther Tageblatt* dem Interview von Pétri folgenden, ebenso aufrichtigen wie würdigen Commentar, hinzu :

Wären Herrn Pétri's Worte der Wahrheit gemäss, so könnten wir Deutschen uns nur darüber freuen. In Pétri's Mund sind sie aber durchaus wertlos. Das Herz der gebildeten Klassen im Elsass, und namentlich in Strassburg, schlägt immer für Frankreich und für Alles, was französisch ist, und das können wir ihnen, offen gestanden, nicht

chainement à tout l'empire, bien loin qu'on songe à les abolir au Reichsland[1].

Au mois d'août (le 19), survinrent les inexplicables lettres du *Matin*.

Les Allemands commencèrent par triompher. Mais il leur fallut bientôt déchanter, en présence du démenti de Guerber, de la déclaration de Lanique, des protestations alsaciennes dans tous les journaux français, et des progrès rapides du nouveau parti démocratique alsacien-lorrain.

Ce fut d'abord le *Journal de Fürth*, qui appliqua à l'interview de M. Pétri le commentaire suivant, aussi sincère que digne et sévère :

Si les paroles de M. Pétri étaient conformes à la vérité, nous autres Allemands nous n'aurions qu'à nous en réjouir. Mais, dans la bouche de M. Pétri, elles n'ont aucune valeur. Les classes instruites de l'Alsace et, notamment, de Strasbourg, sentent toujours battre leur cœur pour la France et tout ce qui est français, et franchement nous ne pou-

1. Voir le *Petit Temps* du 13 avril 1895.

übel nehmen, aus diesem guten Grunde, dass, bis jetzt, unser Regierungsverfahren nicht gerade geeignet war, die Sympathien der « erworbenen Brüder » zu gewinnen. Im Elsass giebt es nur eine Kategorie von Bürgern, vor welchen wir Respekt haben können : diejenigen sind es, welche sich in Resignation und Schweigen hüllen. Alles Andere ist nur Heuchelei und Höflingspolitik.

Wirklich ein hübsches, wolverdientes Compliment an die Herren Zorn von Bulach und Pétri, und eine nützliche Mahnung an gewisse vertrauensselige Deutsche!

Kaum eine Woche später (1. September) war Folgendes in der *Kreuz-Zeitung* zu lesen :

Man protestiert nicht mehr laut gegen den Frankfurter Vertrag : man bleibt auf dem Boden der vollendeten Tatsachen, aber ohne dieselben aufrichtig zu erkennen, und mit der Absicht, sich ihnen bei erster Gelegenheit zu entziehen. Inzwischen opponiert man, als Protestierungszeichen.

Daraus zog die Zeitung der preussischen Krautjunker folgende Schlussfolgerungen :

Demgemäss wäre es einfältig zu glauben, dass die Regierung eine liberalere Richtung einschlagen wird. Die

vous pas leur en vouloir, pour la bonne raison que, jusqu'à présent, notre système de gouvernement n'a pas été précisément de nature à gagner les sympathies de nos « frères reconquis ». Il n'y a en Alsace qu'une seule catégorie de citoyens que nous puissions respecter : ceux qui se renferment dans la résignation et le silence : tout le reste n'est qu'hypocrisie ou politique de courtisan [1].

Voilà ce que l'on peut appeler un joli compliment à l'adresse de MM. de Boulach et Pétri, et un utile avertissement pour certains Allemands trop confiants !

A peine une semaine plus tard, on lisait dans la *Gazette de la Croix* :

On ne proteste plus hautement contre le traité de Francfort ; on se place sur le terrain des faits accomplis, mais sans les reconnaître sincèrement et avec l'intention de s'y soustraire quand l'occasion s'en présentera. Entre temps, on fait de l'opposition en guise de protestation.

D'où l'organe des hobereaux prussiens concluait :

Après cela, il serait naïf de croire que le gouvernement va administrer le pays d'après des principes plus libéraux.

1. Voir le *Temps* du 25 août 1895.

Elsass-Lothringer mögen sich doch nun ein für alle Mal fest überzeugen, dass wir sie nicht ihnen zu Gefallen erobert haben, sondern aus allgemeinen politischen und militärischen Rücksichten, welche durch Protest und Opposition keineswegs erschüttert werden können. Das Reichsland ist und bleibt deutsch, was auch Frankreichs Anhänger sagen, denken, und wollen.

Glaubt denn wirklich die *Kreuz-Zeitung*, man hätte uns seit fünfundzwanzig Jahren einen einzigen Tag vergessen lassen, warum wir annektiert worden sind?

———

Als etwas später der Reichstagsabgeordnete Preiss, wegen einer angeblichen Unterhaltung mit einem pariser Journalist, einem Hochverratsprozess nahe stand, glaubte noch Herr Pétri eintreten zu müssen, indem er die elsass-lothringische Volkspartei als eine unbedeutende Kleinigkeit bezeichnete. Die gewöhnlichen Abkühlungen erhielt er sobald aus Deutschland (20. November). Die münchener *Allgemeine Zeitung* widmete ihm einen Aufsatz, in welchem Folgendes zu lesen war :

Es hängt nur von Elsass-Lothringen ab, für Deutschland etwas Besseres als ein Bollwerk zu werden. Werden

Que les Alsaciens-Lorrains se mettent donc, une fois pour toutes, bien en tête, que ce n'est pas pour leurs beaux yeux que nous les avons reconquis, mais pour des raisons d'intérêt général, politiques et militaires, que ni protestations ni opposition ne peuvent ébranler. Le Reichsland est et restera allemand, quoi que les partisans que la France y compte puissent dire, penser ou vouloir[1].

Comme si, pendant ces vingt-cinq années, on avait laissé oublier aux Alsaciens-Lorrains, seulement pendant un jour, pourquoi ils ont été annexés !

On sait comment, quelque temps plus tard, le député Preiss se trouva sous le coup d'une accusation de haute trahison, à cause d'une conversation mal rapportée qu'il avait eue avec un journaliste parisien. M. Pétri crut encore devoir se mêler de cet incident, et qualifia le parti démocratique alsacien-lorrain de bagatelle. Il reçut aussitôt d'Allemagne les douches coutumières. La *Gazette universelle* de Munich lui consacra un article dans lequel on lit notamment :

Il dépend uniquement de l'Alsace-Lorraine de devenir pour l'Allemagne quelque chose de mieux qu'un glacis.

1. Voir le *Temps* du 1ᵉʳ septembre.

aber unsere Hoffnungen auf eine innige und geistige Vereinigung dieses Landes mit dem deutschen Vaterlande *künftig noch immer getäuscht*, so werden wol diese Provinzen bei der Ueberzeugung bleiben müssen, dass sie nur als Glacis für die Festungen Metz und Strassburg erobert worden sind. In diesem Falle wird sich das Reich mit einer solchen Lage recht wol begnügen, ohne sich deshalb unglücklicher zu fühlen.

Ebenso pessimistisch sprach sich abermals die *Kreuz-Zeitung* aus :

Die reichen oder unabhängigen Elsass-Lothringer schmollen, in ihren Häusern und Villas zurückgezogen, und versuchen, alles was sie umgiebt zu vergessen, um in Gedanken das « verlorene Paradies » wieder zu erleben. Die Andern, die Fabrikbesitzer, Banquiers und Handelsleute, besorgen ihre Geschäfte, indem sie sich bemühen, den Gebrauch der französischen Sprache festzuhalten, und vergessen niemals, ihre Rechnungen in Francs und Centimes, statt in Mark und Pfennig, auszurechnen.

An dem öffentlichen Leben nehmen sie gar keinen Anteil; und wenn sie nur wissen, was in Frankreich vorkommt, so sind sie zufrieden. Die deutsche une elsässische Politik ist ihnen gleichgültig. Nur bei den Reichstagswahlen gönnen sie sich das Vergnügen, gegen die Regierung, die sie sonst ganz ruhig lassen, einzutreten ; und diese Bürgerlichen wählen dann, aus reiner Schadenfreude (!), einen Bebel und einen Bueb.

Toutefois, si nos espérances dans l'union intime et spirituelle de ce pays avec la patrie allemande doivent continuer à subir des déceptions toujours nouvelles, il faudra bien que ces provinces s'en tiennent à la conviction qu'elles n'ont été conquises que pour servir de glacis aux fortifications de Metz et de Strasbourg. L'empire, dans ce cas-là, se contentera très bien de cette situation, sans se trouver plus malheureux pour cela[1].

Un nouvel article de la *Gazette de la Croix* fut non moins pessimiste :

Les Alsaciens-Lorrains, riches ou indépendants, boudent retirés dans leurs maisons ou leurs villas, et cherchent à oublier ce qui les entoure pour revivre en souvenir le « Paradis perdu ». Les autres, les industriels, les banquiers, les commerçants, soignent leurs intérêts, tout en s'efforçant de maintenir l'usage de la langue française, et sans oublier d'envoyer aux Allemands leurs factures en francs et centimes au lieu de marcs et de pfennigs.

Ils ne prennent aucune part à la vie publique : et, pourvu qu'ils sachent ce qui se passe en France, ils sont satisfaits. La politique allemande et alsacienne les laisse indifférents. Ce n'est qu'au moment des élections législatives qu'ils se donnent le plaisir d'intervenir, pour contrecarrer le gouvernement, que, le reste du temps, ils laissent d'ailleurs parfaitement en paix ; et ces bourgeois nomment alors par pur esprit de vexation (!) des Bebel et des Bueb.

1. Voir le *Temps* du 20 novembre.

Die Beamten und Schullehrer erfüllen zwar ihre Pflicht, selbst die Pfarrer kommen dazu, den Kaiser und das Reich in ihren Gebeten zu nennen; ihr Herz schlägt aber noch immer für das verlorene Vaterland. Verstockte Protestler, welche den Tag der Revanche ungeduldig abwarten, sind jedoch im Elsass wenig an der Zahl. Die grosse Mehrheit will die Gräuel des Krieges nicht wiedersehen, und ihr Stichwort ist : Resignation und Schweigen.

———

Zwei Wochen später (15. Dezember), kommt die *Kölnische Zeitung* an die Reihe. Als Beweis dafür, dass der Diktaturparagraph, die Ausnahmegesetze, und die indirekten Wahlen, bestehen sollen, hebt ein Korrespondent aus Elsass die Geringfügigkeit der Germanisierung vor. Er erinnert daran, dass bei den letzten Wahlen, unter hundert ausgegebenen Stimmen, kaum 51 zu Deutschlands Gunsten waren, — wozu ich der Klarheit wegen bemerken muss, dass ungefähr 1/6 der Bevölkerung aus eingewanderten Deutschen besteht, so dass unter diesen 51 deutschgesinnten Stimmen wol kaum 14 oder 15 Elsass-Lothringer zu finden sind, was bei dem im folgenden Citate erwähnten öffent-

Les employés, les instituteurs font, il est vrai, leur devoir, les curés eux-mêmes en arrivent à nommer l'empereur et l'empire dans leurs prières, mais leur cœur n'en continue pas moins à battre pour la patrie perdue. Toutefois, les protestataires endurcis qui attendent impatiemment le jour de la revanche sont peu nombreux en Alsace. La grande majorité ne veut pas revoir les horreurs de la guerre, et leur mot d'ordre est : Résignation et silence[1].

———

Deux semaines plus tard, c'est au tour de la *Gazette de Cologne*, dont un correspondant, voulant prouver la nécessité de maintenir la dictature, les lois d'exception et le mode d'élection des assemblées locales à deux et à trois degrés, prend pour argument l'insignifiance des progrès de la germanisation. Il rappelle notamment qu'aux dernières élections, sur 100 suffrages émis, il y en eut à peine 31 de favorables à l'Allemagne[2]. A ce propos, et pour plus de clarté, je ferai remarquer que le sixième environ de la population se compose d'immigrés allemands, de sorte que, sur ces 31 suffrages gouvernementaux, il ne se trouve guère que 14 ou 15 voix d'indigènes; et si l'on tient compte de la pression officielle à laquelle il

1. Voir le *Temps* du 20 novembre 1895.
2. Voir le *Temps* du 15 décembre 1895.

lichen Zwang, ein wirklich geringes Verhältniss ist.

———

Am ausführlichsten war (27. Dezember) eine Reihe von Korrespondenzen, welche der münchener *Allgemeinen Zeitung* aus Elsass zukamen. Der Verfasser unterrichtet uns, er lebe seit zwanzig Jahren im Reichslande, und « als Süddeutscher könne er den Charakter dieser Bevölkerung viel leichter auffassen (!) ».

Schon beim Beginn seiner Studie, gesteht der bairische Journalist ganz offen, « dass sich jetzt bei den Elsass-Lothringern nicht die mindeste Spur eines Willens, deutsch zu werden, merken lässt ». Unter Umständen können wol die Notwendigkeiten der Geschäfte einen Bindestrich zwischen Eingeborenen und Eingewanderten bilden, sowol als die Handelsverbindungen eine neue Orientierung suchen mussten. Auch stehen die Elsass-Lothringer notwendigerweise mit den öffentlichen Verwaltungen in Berührung; aus der Korrektheit dieser gezwungenen Beziehungen irgend einen Grad der Sympathie für Deutschland schliessen zu wollen, wäre aber unbesonnen.

« Sobald er zu Hause ist, will der Elsässer nichts mehr von Deutschland wissen », trotz einiger oberflächlichen

va être fait allusion, on trouvera que cette proportion est vraiment bien faible.

Le document le plus détaillé se compose d'une série de correspondances que la *Gazette universelle* de Munich reçut d'Alsace vers la fin de décembre[1]. Leur auteur a, dit-il, passé plus de vingt ans au pays annexé, et « sa qualité d'Allemand du Sud lui a rendu plus facile la compréhension des particularités du caractère de la population (!). »

Dès le début de son étude, le journaliste bavarois avoue franchement « qu'il serait impossible de découvrir actuellement chez les Alsaciens-Lorrains la moindre trace de la volonté d'être Allemands ». Les nécessités des affaires peuvent à certains moments servir de trait d'union entre indigènes et immigrés, de même que les relations commerciales ont dû chercher une orientation nouvelle. Les Alsaciens-Lorrains se trouvent forcément aussi en contact avec les administrations publiques, mais il serait téméraire de conclure de la correction de ces rapports forcés à un degré quelconque de sympathie pour l'Allemagne.

« Aussitôt qu'il est rentré dans son foyer, l'Alsacien ne veut plus rien savoir de l'Allemagne, » en dépit de quel-

1. Voir le *Petit Temps* du 27 décembre 1895.

Verbindungen, welche auf dem Boden der Geschäfte angeknüpft werden, und zufällige, für das Privatleben unbedeutende Begegnungen, veranlassen. Uebrigens geben die öffentlichen Anstalten ein treues Beispiel der unsichtbaren Scheidewand, welche zwischen beiden Elementen der Bevölkerung bestehen. Entweder besuchen Elsässer und Deutsche verschiedene Lokale, oder sie sitzen an gesonderten Tischen. Die elsässischen Gesellschaften sind für die Eingewanderten streng geschlossen, kein Eingeborener mag hingegen in die deutschen eintreten, trotz der naiv zuvorkommenden Aufnahme, welche ihm daselbst vorbehalten wird. Drum sollte man die ersteren ohne weitere Umstände aufheben. In den wenigen Vereinen allgemeiner Nützlichkeit, welche gemischt sind, finden nur die unentbehrlichen Interessenbeziehungen statt; hier auch geht aber die Berührung nicht über die notwendig unbedingten Interessen hinaus, und « selbst die Eingeborenen, welche durch gewisse Einflüsse in die Kriegervereine *gepresst werden*, bleiben jeder deutschen Gesinnung durchaus fremd ».

Gemischte Ehen bleiben äusserst selten. Sogar der Militärdienst ist weit davon entfernt, die Annäherung herbeizuführen, auf welche man berechtigt war (!) zu hoffen.

Unter den versöhnten Elsässern, sind sogar die bekanntesten höchst verdächtig. « Kaum über die Grenze, benimmt sich zum Beispiel der, in der Gunst der Regierung stehende Julius Klein, ganz wie jeder Stockfranzose : beim Festmahl, nach der Einweihung der Bildsäule von Strassburg in Basel, hat er eine Rede auf Französisch gehalten ! »

Dass einige Beamte, und sogar der Sohn des Statthalters,

UNE VOIX D'ALSACE. 55

ques relations superficielles commencées sur le terrain des affaires et qui donnent lieu parfois à des rencontres sans importance dans la vie privée. Les établissements publics donnent, du reste, l'image exacte de l'invisible barrière qui sépare les deux éléments de la population. Ils évitent de fréquenter les mêmes locaux ; lorsque Alsaciens et Allemands s'y rencontrent, ils occupent des places visiblement séparées. Les Alsaciens-Lorrains ont leurs cercles rigoureusement fermés et les Allemands les leurs, où, malgré l'accueil naïvement empressé qu'on leur fait, les Alsaciens refusent de se faire inscrire. Aussi devrait-on fermer les premiers, sans autre forme de procès. Les associations d'utilité publique présentent parfois, il est vrai, un caractère mixte ; mais là encore, le contact ne dépasse pas les nécessités des intérêts strictement compris, et « même les indigènes que certaines influences arrivent à *embrigader* dans les associations d'anciens militaires y restent étrangers à tout ce qui fait battre le cœur des Allemands ».

Les mariages entre indigènes et immigrés restent toujours à l'état de raretés. Le service militaire lui-même est loin de produire les effets de rapprochement que l'on était en droit (!) d'en attendre.

Les ralliés les plus connus parmi les Alsaciens ne méritent qu'une confiance sujette à caution. Il suffit de citer l'exemple de M. Jules Klein, de Strasbourg, qui, malgré la confiance du gouvernement et la faveur d'un nouveau régime, « ne peut s'empêcher de reprendre des allures de Français pur sang aussitôt qu'il a dépassé les frontières des provinces annexées. M. Klein n'a-t-il pas prononcé à Bâle, au banquet officiel qui suivit l'inauguration de la statue de Strasbourg, un discours en français ? »

Qu'importe qu'un ou deux arrondissements envoient au

als Abgeordnete gewählt wurden, hat keine Bedeutung; es beweist höchstens, dass die Bürgermeister und Gendarmen, deren Einfluss auf die ländliche Bevölkerung wolbekannt ist, geschickte Massregeln getroffen haben; wenn aber der Kaiser dieselben Wahlkreise, deren Treue lärmend gerühmt wird, durchreist, kann man nur Dank der aufgeforderten Mitwirkung der Soldaten; und der Bevölkerung jenseits des Rheines, telegraphieren : « der Kaiser wurde von den Einwohnern mit Jubelgeschrei empfangen »; die aus Neugierde dabei zusammengekommenen Elsässer benehmen sich aber nur als ruhige und stumme Zuschauer. In Wörth frug die Kaiserin ein Mädchen im weissen Kleid, welches ihr ein Bouquet überreichte, welchen Standes ihr Vater sei, und erfuhr dass derselbe der Steuereinnehmer der Ortschaft war. Aus dieser Einzelheit geht offenbar hervor, wie erkünstelt diese Demonstrationen sind, welche von den Beamten, deren Kinder die Vordermannsrolle darin spielen, geordnet werden.

Die Zeitungen, welche aus amtlichen Quellen schöpfen, pflegen nur die Wahrheit zu entstellen.

Keinem eingeborenen Elsässer wäre es besser gelungen, eine treue Schilderung unserer Verhältnisse darzustellen! Welche Schlussfolgerungen glaubt aber der Verfasser daraus ziehen zu dürfen?

« Vernünftiger ist es, eine kalte Douche über die Illusion einer vollendeten Verdeutschung zu werfen, als sich der Gefahr periodischer Enttäuschungen auszusetzen. Die Sachlage muss man in das geeignete Licht stellen, sonst würde man, beim Erwachen aus dem Taumel eines trügerischen Erfolges, dem Lande den Passzwang oder ähnliche gewal-

Reichstag des fonctionnaires ou même le fils du statthalter : ils fournissent tout au plus la preuve que les maires et les gendarmes, dont on connaît l'influence auprès des populations rurales, ont fructueusement organisé une habile manœuvre électorale; mais, lorsque l'empereur vient dans ces mêmes contrées dont le loyalisme es bruyamment vanté, on est obligé de recourir aux éléments d'outre-Rhin et aux militaires pour pouvoir télégraphier : « La population a accueilli Sa Majesté avec des cris enthousiastes. » Les Alsaciens que la curiosité pousse sur le passage de l'empereur restent calmes et muets, voilà la vérité.

A Wœrth, lorsque l'impératrice demanda à une jeune fille habillée en blanc qui lui présentait des fleurs la profession de son père, elle apprit qu'il était le receveur des contributions de l'endroit. Ce détail ne suffit-il pas pour nous révéler l'évidence du caractère factice de ces démonstrations dont les organisateurs sont les fonctionnaires, et où leurs enfants jouent le rôle de chefs de file?

Les journaux qui s'inspirent aux sources officielles se plaisent à travestir la vérité.

Certes, aucun Alsacien n'aurait su retracer plus fidèlement notre situation présente. Mais quelles sont les conclusions que ce tableau inspire à l'auteur?

« Il vaut mieux verser une douche froide sur l'illusion d'une germanisation accomplie, écrit-il, que de s'exposer à des désillusions périodiques. Il faut envisager la situation sous son vrai jour pour ne pas s'assoupir dans l'enivrement d'un succès fallacieux, dont on ne se réveillerait que pour devoir enchaîner de nouveau le pays par des mesures

tige Massregeln aufdringen müssen, welche, trotz ihrer grausamen Strenge, den Dienst geleistet haben, das Land gegen das ungesunde Eindringen der französischen Agitation zu schützen. » — Schliesslich müsse man nicht nur den Diktaturparagraph aufrecht halten, sondern gar einige strenge Exempel statuiren, « um ein für alle Mal mit allen Gewohnheiten und Einrichtungen, welche französische Gesinnungen bei der elsass-lothringischen Bevölkerung unterhalten können, fertig zu werden » !

Auf solche Weise glaubt einer, der sich *als Süddeutscher* für einen besonders urteilsfähigen Kenner unseres hartnäckigen und freiheitsliebenden Charakters ausgiebt, unsere Herzen für Deutschland gewinnen zu können!

Schliesslich muss die *Vossische Zeitung* angeführt werden (15. Januar 1896). Nach den zwei letzten Reichstagswahlen in Lothringen, hub sie melancholisch die Ohnmacht der eingewanderten Deutschen hervor, welche sogar keinen Kandidaten hatten vorschlagen können : « man hat schon 25 Jahre lang germanisiert, und ist nun ebenso klug wie vorher! »

telles que le passeport ou autres moyens de contrainte qui, malgré leur sévérité cruelle, ont rendu le service de protéger le pays contre l'infiltration malsaine des agitations françaises. » Et non seulement le maintien de la dictature, mais quelques exemples sévères ne lui sembleraient pas déplacés pour « avoir raison une bonne fois de toutes les traditions et de toutes les institutions qui peuvent servir à entretenir les sentiments français de la population d'Alsace-Lorraine ».

Et voilà comment un écrivain qui, en sa qualité d'Allemand du Sud, croit être un juge particulièrement compétent de notre caractère opiniâtre et amant de la liberté, voilà par quels moyens il s'imagine que nos cœurs pourront être gagnés à l'Allemagne!

———

Pour finir, je citerai la *Gazette de Voss*, qui, après les deux élections aux Reichstag de janvier dernier, faisait ressortir l'impuissance des immigrés, incapables de présenter seulement des candidats : « On a germanisé, disait-elle, pendant vingt-cinq ans, et l'on n'est pas plus avancé qu'en commençant! »

Sonderbar ist es doch, wenn einer, welcher unternimmt über Elsass-Lothringen zu schreiben, von alledem nichts vernommen hat, und sich ruhig und gelassen an Bulach's und Pétri's abgeschmackte Aeusserungen hält!

.*.

Auch muss man, als symptomatische Vorkommnisse, die sonderbaren, in Deutschland gefassten Pläne, erwähnen, betreffs einer Aenderung unserer Verfassung.

Bismarck selbst war einmal darauf bedacht, den Kronprinzen zum erblichen Statthalter im Reichslande zu ernennen. Dafür hatten neulich die münchener *Neueste Nachrichten* den burlesken Einfall, man solle unser Land als Jubiläumsgeschenk dem verabschiedeten Reichskanzler geben. Herr Geffken will Lothringen an Preussen, Elsass an Baden annektieren. Der Verfasser der vor kurzem erschienenen Broschüre *Königreich Baden* nimmt einen alten Vorsatz wieder auf, indem er das ganze Reichsland dem zum König beförderten Grossherzog von Baden freigebig zuteilt. Herr Sigl, als strenger Legitimist, schlägt einen anderen, ganz unerwarteten Kandidaten, vor: den Abkömmling des 1765 verstorbenen Herzogs Franz Stephan

N'est-il pas étonnant qu'un auteur qui entreprend d'écrire un article sur la situation de l'Alsace, n'ait rien su de tout ce que je viens de rapporter, et qu'il s'en tienne bien tranquillement aux assertions sans valeur d'un Boulach et d'un Pétri?

**

Comme autres manifestations symptomatiques, il convient de noter encore les projets étranges que l'on a conçus en Allemagne, à l'effet de modifier notre Constitution.

M. de Bismarck lui-même eut un jour l'idée de faire du Reichsland une vice-royauté héréditaire pour le prince impérial. D'autre part, les *Dernières Nouvelles* de Munich émirent naguère la proposition grotesque de donner notre pays en présent à l'ex-chancelier, à l'occasion de son jubilé. M. Geffken veut annexer la Lorraine à la Prusse, et l'Alsace au Bade. L'auteur de la récente brochure anonyme *Le royaume de Bade*, reprend une proposition ancienne, en attribuant généreusement le tout au grand-duc de Bade, promu à la dignité royale. Quant à M. Sigl, légitimiste intransigeant, il présente un tout autre candidat, bien inattendu : l'héritier du duc François-Étienne de Lorraine, lequel est mort en 1765, après avoir en

von Lothringen, welcher doch 1737 Lothringen nicht einfach einbüsste, sondern Toscana dagegen bekam, und Elsass überdies nie besass; — eine für Deutschland doch nicht unbedeutende Einzelheit vergisst aber noch der bayrische Abgeordnete, nämlich, dass das so viel wie eine Abtretung an Oesterreich bedeutet, da ja Kaiser Franz-Joseph Franz des Ersten legitimer Erbe ist!

Dass es aber im Reichslande Menschen giebt, dass diese Menschen eine Seele, ein Herz, einen freien Willen besitzen, darum bekümmert sich keiner dieser guten Herren : sie wissen ja nichts davon!

Und doch haben solche Narrheiten ihren Nutzen. Unzählbare Broschüren und Zeitungsartikel haben sie schon hervorgebracht : was beweist das anderes, als dass man in Deutschland einen, zwar noch unbestimmten, Begriff von dieser Thatsache hat, dass der jetzige, widernatürliche Zustand unmöglich fortdauern kann?

Uebrigens bekommt man auch schon Anderes als Narrheiten zu lesen. Vor kurzem wurde in Deutschland, unter dem Titel *Die Militärlasten und die elsass-lothringensche* (sic) *Frage*, ein Flugblatt verbreitet, dessen Verfasser, ein Deutscher, zugleich ein vorsichtiger Patriot und ein biederer Friedensmann, eine, durch Rückgabe Elsass-

1737 perdu la Lorraine, mais qui avait reçu en
échange la Toscane, et n'avait d'ailleurs jamais
possédé l'Alsace; seulement, le député bavarois
oublie encore un petit détail, important au point
de vue allemand : c'est que sa solution revient à
céder le Reichsland à l'Autriche, car l'héritier
légitime de François Ier n'est autre que l'empereur François-Joseph!

Qu'il y ait sur notre territoire des hommes, et
que ces hommes possèdent une âme, un cœur,
un libre arbitre, c'est ce dont ne se préoccupe
aucun de ces braves gens : ils ne s'en doutent
même pas!

Et pourtant, ces niaiseries ont leur utilité.
Elles ont provoqué une pluie de brochures et
d'articles. Qu'est-ce que cela prouve, sinon que
l'on se rend confusément compte, en Allemagne,
de l'impossibilité de perpétuer une situation politique contre nature?

Déjà, d'ailleurs, il s'imprime à ce sujet autre
chose que des niaiseries. Tout récemment, a com-
mencé à circuler en Allemagne une feuille volante
intitulée *Les charges militaires et la question
d'Alsace-Lorraine*, dont l'auteur, un Allemand,
patriote clairvoyant et pacifique honnête, pro-
clame, *dans l'intérêt de l'Allemagne*, la nécessité

Lothringens gegen Entschädigung bedingte Versöhnung mit Frankreich, als notwendig erklärte¹.

.*.

Was kann man aus allen diesen Dokumenten schliessen? Das Beste ist, in dieser Beziehung auf den bedeutenden Aufsatz hinzuweisen, welchen Dr Haas, der einstige metzer Abgeordnete, in der *Revue des Revues* vom 15. Januar 1896, unter dem Titel *Die Lage von Elsass-Lothringen im Jahre 1895*, veröffentlichte.

Die Geschichte unseres Widerstandes kann in drei Abschnitte geteilt werden. Erstens fand der feierliche Protest statt, mit Verzicht auf jede politische Tätigkeit. Diese Haltung konnte nicht dauern, denn sie hätte so viel bedeutet, wie Selbstmord eines ganzen Volkes. Von Anfang an entschlossen sich einige Abgeordnete, ihre Sitze im Reichstag wirklich einzunehmen, um die Interessen ihrer Mitbürger zu wahren, und das Reich, durch Mitwirkung mit den anderen Oppositionsparteien, möglichst zu schwächen : so öffneten sie die zweite, durch das Stichwort *Protest und*

1. Dieses Blatt (8 Seiten 8°) erschien ohne Angabe des Verfassers noch des Herausgebers, was gewiss keiner Erklärung bedarf. Man kann es durch das Berner Friedensbüreau beziehen.

de la réconciliation avec la France, au prix de l'Alsace-Lorraine, rendue contre indemnité[1].

***

Que faut-il conclure de ces témoignages? — Je ne saurais mieux faire que de renvoyer à ce propos à l'importante étude de M. Haas, le député démissionnaire de Metz, publiée dans la *Revue des revues* du 15 janvier 1896, sous le titre *La situation de l'Alsace-Lorraine en 1895*.

L'historique de la résistance peut se diviser en trois phases. D'abord, la protestation solennelle, avec abstention de tout ce qui touche à la vie politique. Cette période ne pouvait durer, car elle équivalait au suicide de tout un peuple. Dès le début, divers députés se décidèrent à siéger effectivement au Reichstag, pour défendre les intérêts de leurs commettants, et affaiblir l'empire en votant avec les autres partis d'opposition; ils inauguraient la deuxième phase, caractérisée par ces mots : *protestation et action*. Comme la première, cette attitude ne pouvait persister. Le gou-

1. Cette feuille (8 pages in-8°), a paru — il est à peine besoin de le dire — sans nom d'auteur ni d'éditeur. On peut se la procurer par l'intermédiaire du Bureau de la paix, à Berne.

Tätigkeit charakterisierte Periode. Dieses Verhalten konnte eben so wenig wie das frühere fortdauern. Die Regierung wusste es uns durch immer gesteigerte Quälereien wol zu beweisen, zum Beispiel durch die unerhörte, dem metzer Abgeordneten Antoine angetane Rücksichtslosigkeit : das haben wir nämlich erlebt, einen Abgeordneten zu sehen, welchem das Betreten seines eigenen Wahlkreises untersagt war!

« Heute, sagt Dr Haas, ist dieses Verfahren von allen denjenigen verworfen, welche zu Herzen genommen, die von der Regierung immer noch verweigerten nötigen Rechte und Freiheiten, für Elsass-Lothringen zu beanspruchen. Und nicht nur wäre der Protest in der Praxis widersinnig und schädlich, sondern er würde noch seine Führer auf gefährlichster Weise den Misshandlungen seitens der deutschen Regierung aussetzen. So werden also die Elsass-Lothringer gezwungen, ihre politische Tätigkeit auf den Boden der *gesetzlich bestehenden Lage* zu beschränken, und diese Stellung laut bekannt zu machen, wenn sie dazu aufgefordert werden. » — Also ist von Protestler-Deputierten keine Rede mehr, sondern nur von *Unabhängigen*, als Gegensatz zu den Versöhnten und Deutschen. Selbst diese, unserer

vernement nous le montra bien, en redoublant de tracasseries, et en inaugurant par exemple, à propos de M. Antoine, député de Metz, une énormité sans précédent : il nous fut donné de voir un député, auquel il était interdit de pénétrer sur le territoire de sa circonscription !

« Aujourd'hui, dit M. Haas, ce système est répudié par tous ceux qui ont à cœur de revendiquer pour l'Alsace-Lorraine les droits et les libertés nécessaires que le gouvernement s'obstine toujours à lui refuser. Absurde et nuisible dans la pratique, la protestation aurait de plus des dangers et appellerait sur ceux qui la préconiseraient toutes les rigueurs du gouvernement allemand. Force est donc aux Alsaciens-Lorrains, dans leur activité politique, de se placer sur le terrain de la *situation légale existante* et de le proclamer hautement lorsqu'ils en sont sollicités. » Il ne faut donc plus parler de députés protestataires, mais d'*indépendants*, par opposition aux ralliés et aux Allemands. Ce système, que suivent nos députés actuels, n'est pas lui-même sans danger : M. Haas dut finir par abandonner

jetzigen Abgeordneten Handlungsweise ist nicht gefahrlos : Dr Haas konnte nicht umhin, seine Demission zu geben, und Dr Preiss war einem Hochverratsprozess ganz nahe.

Ist aber der Protest *als politische Methode* aufgegeben, so ist er dagegen als innige Stimmung keineswegs geschwächt. Von Zeit zu Zeit kommt es vor, dass er sich offenbar äussert; als, zum Beispiel, der deutsche Sozialdemokrat Bebel gegen den Abtrünnigen Pétri durch die Eingeborenen gewählt wurde, war sein Erfolg in Strassburg mit dem Schrei *Frankreich hoch!* begrüsst; und mancher Manifestation erinnern wir uns, welcher die Studenten aus den besten Familien der Stadt teilnahmen. Glücklicherweise sind aber solche unvorsichtige Handlungen selten. Aus Vorbedacht bleiben wir auf dem Boden der vollendeten Tatsache, um aus derselben jeden etwaigen Nutzen ziehen zu können, so dass wir *von den anderen deutschen Oppositionsparteien nicht zu unterscheiden seien.* Unsere geheimen Gedanken, sowie auch die Zukunft, bleiben aber vorbehalten. Eine fortwährende Wiederholung unseres Protestes betrachten wir als unnötig. Der Protest ist eine historische Tatsache, welche besteht, bis sie von einer gleich freiwilligen und feierlichen Gegenhandlung vertilgt wird; und dieser Tag ist noch gar fern!

son siège, et M. Preiss fut à deux doigts d'un procès en haute trahison.

Mais, abandonnée en tant que *méthode politique*, la protestation n'a rien perdu de son énergie en tant que sentiment intime. Il lui arrive de se manifester extérieurement : ainsi, à Strasbourg, l'élection, par les indigènes, du socialiste allemand Bebel, pour remplacer le renégat Pétri, fut saluée du cri de *Vive la France!* et l'on se souvient de mainte manifestation à laquelle prirent part les étudiants appartenant aux meilleures familles de la ville. Mais ces imprudences sont rares, — heureusement. Nous restons délibérément sur le terrain du fait accompli, pour en tirer le moins mauvais parti possible, en sorte que l'on ne puisse nous distinguer des Allemands des autres partis d'opposition. Mais nous réservons nos pensées et l'avenir. Pour nous, il est inutile de répéter notre protestation : elle est un fait historique, qui persistera, jusqu'à ce qu'il soit effacé par une manifestation aussi spontanée et aussi solennelle en sens contraire. Et ce jour est loin!

Untersteht man sich nun einmal, uns diese Haltung, als an Aufrichtigkeit und Loyalität mangelnd, vorzuwerfen, so geben wir zur Antwort, dass diese Waffen diejenigen der Schwachen und der Unterdrückten sind, und dass die Schande auf diejenigen fallen wird, welche ein edelsinniges Volk zu dieser traurigen und kränkenden Lage herabgesetzt haben.

. * .

Die seit einem Vierteljahrhundert die allgemeine Freiheit und Kultur bedrohende elsässische Frage, besteht nicht einfach darin, ob eine gewisse Grenze um einige Meilen westwärts zurückgeschoben werden soll, oder nicht. Auf *das Sein oder Nichtsein des Völkerrechtes*, dem Eroberungsrecht gegenüber, bezieht sie sich. Und zwar handelt es sich nicht, jetzt schon bestimmt zu wissen *was* aus uns werden soll, sondern, viel allgemeiner:

1) Ob wir *das Recht* besitzen, *überhaupt etwas sein zu wollen*;
2) Ob wir *deutsch* bleiben wollen.

Et, si l'on ose nous reprocher de manquer ainsi de franchise et de loyauté, nous répondons que ces armes sont celles des faibles et des opprimés, et que la honte en doit retomber sur ceux qui ont ravalé un peuple fier à cette triste et humiliante condition.

***

La question d'Alsace-Lorraine qui, depuis un quart de siècle, menace de mort la liberté et la civilisation universelles, ne consiste pas simplement à savoir si une certaine frontière sera repoussée de quelques lieues à l'ouest, ou non. C'est le droit des peuples qui lutte ici pour l'existence, contre le droit de conquête. Et, en particulier, la question n'est pas de savoir au juste, dès maintenant, *ce que* nous deviendrons, mais bien, d'une manière beaucoup plus générale :

1° Si nous sommes en droit d'avoir une volonté quelconque au sujet de notre destinée ;

2° Si nous voulons rester Allemands.

Wie oben bemerkt, wurde von Ignotus die erste Frage *implicite* bejaht.

Selbst eine solche stumme Zustimmung eines deutschen Schriftstellers ist leider noch eine Seltenheit. Für die meisten unter den Deutschen darf ein Volk kaum mehr Ansprüche auf einen eigenen Willen erheben, als die Bauern eines, zum Zeitvertreib hoher Herren dienenden Schachbrettes; und die äusserst geringe liberale Minorität hat allerlei gute Ursachen, hübsch vorsichtig zu schweigen.

Eine so verspätete Stimmung der gebildeten Geister eines der ersten Kulturstaaten, kann sich aber unmöglich noch lange erhalten, besonders da sie alle Interessen des Vaterlands aufs höchste gefährdet; und für den aufmerksamen Zuschauer fehlt es nicht an Vorzeichen dieser erwünschten Umwandlung. Keine Woche geht jetzt vorüber, ohne dass in Deutschland die « sogenannte » elsass-lothringische Frage erörtert werde. Nun liegt es wenig daran, ob man sie « sogenannt » heisst, oder nicht : wer sich mit ihr beschäftigt, erkennt ja dadurch ihr Dasein, und vorläufig genügt dieser kleine Fortschritt. Unterdessen wird im Auslande — ich meine, nicht nur in Frankreich, sondern in ganz Europa und selbst in

Comme je l'ai montré en commençant, « Ignotus » répond à la première question par une affirmation *implicite*.

Cette attitude même, si réservée qu'elle soit, est encore malheureusement une rareté en Allemagne. La plupart des Allemands ne reconnaissent pas à un peuple plus de droits à une volonté propre qu'aux pions d'un échiquier destiné à l'amusement de quelques hauts personnages; et l'infime minorité des libéraux a toutes sortes de raisons d'observer un silence prudent.

Mais il est impossible que les esprits cultivés d'un des premiers États civilisés persistent indéfiniment dans des dispositions aussi arriérées, surtout étant donné qu'il en résulte les plus grands dangers pour tous les intérêts de leur pays; et l'observateur attentif peut remarquer plus d'un avant-coureur de cette transformation si souhaitable. Il ne se passe pas une semaine, sans que la « prétendue » question d'Alsace-Lorraine soit discutée en Allemagne. Or, il importe peu qu'on la traite de « prétendue », ou non : quiconque s'en occupe, reconnaît par là même son existence, et ce petit progrès suffit pour l'instant. Entre temps, à l'étranger, et j'entends par là non seulement la France, mais bien toute l'Europe, et même l'Amé-

Amerika — die Frage von Tag zu Tag gründlicher erörtert, da Jedermann zu dem Begriffe kommt, dass sie den eigentlichen Knoten der internationalen Politik bildet; und wer sich, wie ich, vorgenommen hat, womöglich alles zu sammeln, was darüber erscheint, der muss jetzt eine ordentliche Bibliothek mit den *Alsatica* füllen.

Unsere feste Hoffnung dürfen wir in diesem, durch die wichtigsten und offenbarsten Interessen beförderten Wiedererwachen des allgemeinen Gewissens, stellen. Sind wir doch durch unsere hohe Kultur und unser würdiges Benehmen in der Not, wenigstens so achtungswert, wie es einst die Griechen, Belgier, Lombarden, Venetianer und Balkanvölker waren, von den Aegyptern, Armeniern u. s. w. nicht zu sprechen!

Dass man sich über diese meine Worte in Deutschland lustig machen wird, weiss ich wol. Schon wird aber diese Munterkeit nicht so allgemein sein, wie das skandalöse Höllengelächter, mit welchem Herrn Teutsch's Rede im Reichstag, beim Eintreten der ersten protestierenden Deputation (18. Februar 1874), aufgenommen wurde. Und nach und nach werden die Deutschen mit grösserem Ernst einen politischen Zustand beurteilen, welcher nicht nur für sie wie für uns verderblich ist, sondern von der ganzen civilisierten

rique, — la question est étudiée chaque jour plus à fond ; car tout le monde en vient à comprendre qu'elle est le véritable nœud de la politique internationale ; et ceux qui, comme moi, s'efforcent de rassembler tout ce qui paraît sur la matière, en viennent à posséder une véritable bibliothèque d'*Alsatica*.

Nous sommes en droit de placer notre ferme espérance dans ce réveil de la conscience universelle, provoqué par les intérêts les plus considérables et les plus évidents. Après tout, notre haute civilisation et notre dignité dans l'adversité méritent bien qu'on nous considère à l'égal des Grecs, des Belges, des Lombards, des Vénitiens et des peuples balkaniens, pour ne pas parler des Égyptiens, des Arméniens *e tutti quanti !*

Je sais bien que l'on fera gorges chaudes en Allemagne de tout ce que je viens de dire là. Mais déjà cette gaieté sera moins générale que le rire scandaleux qui accueillit au Reichstag le discours touchant de M. Teutsch, lors de la première apparition du groupe protestataire (séance du 18 février 1874). Et, avec le temps, les Allemands prendront de plus en plus au sérieux une situation qui, non seulement leur est funeste autant qu'à nous, mais encore sera stigmatisée par tout le monde civilisé. Pour en venir là, il

Welt gebrandmarkt werden wird. Dafür brauchen wir nur ruhig und getrost unsere unveränderliche Antwort auf die zweite obige Frage zu behaupten.
Diese Antwort lautet :
Nein : wir wollen *nicht* deutsch bleiben.

* * *

Natürlich bin ich keineswegs berechtigt, für die Franzosen das Wort zu führen. Doch darf ich über ihre Stimmung meine Meinung aussprechen, da dieselbe sich auf eine Kenntniss des Landes und der Leute stützt, wie sie ein Altdeutscher, selbst durch einen langjährigen Verkehr mit französischen Kreisen, schwerlich hätte erwerben können.
Gleichwie ich meinen französischen Freunden fortwährend sage, dass die Deutschen wirklich friedlich gegen sie gestimmt sind, so muss ich auch den Deutschen dieselbe, ihre Nachbaren betreffende, Versicherung geben, denn sie ist die reine Wahrheit. Die Deutschen und Franzosen sind gleich friedlich gesinnt, halten sich aber einander in Verdacht, weil beide Völker von einfältigen oder verbrecherischen Schrifstellern und Politikern betrogen werden. Wer die eine Nation der anderen als kriegslustig schildert, *der* ist der

suffit que nous maintenions avec calme et confiance notre réponse à la deuxième des questions énoncées plus haut.

Cette réponse, la voici :

Non, nous voulons pas rester Allemands.

.*.

Bien entendu, je n'ai aucune qualité pour parler au nom des Français. On me permettra néanmoins d'exprimer, au sujet de leurs sentiments, une opinion qui repose sur une connaissance du pays et des gens, telle qu'un Allemand aurait difficilement pu l'acquérir, eût-il fréquenté des cercles français pendant de longues années.

Tout comme je ne cesse de dire à mes amis de France que les Allemands nourrissent à leur égard les dispositions les plus pacifiques, je dois donner aux Allemands une assurance analogue, concernant les Français, car telle est la pure vérité. Français et Allemands sont également pacifiques, mais se soupçonnent réciproquement, parce que les deux peuples sont trompés par des écrivains et des politiciens imbéciles et criminels. Celui qui dépeint l'une des nations à l'autre comme désirant la guerre, celui-là est l'ennemi

gefährlichste Feind seines Vaterlandes, *der* sollte eigentlich des Hochverrats angeklagt werden.

« Wer verlangt einen Revanchekrieg? — Einige Grotesken, die man auslacht, einige Wahnsinnige, vor deren fixe Idee einem die Geduld reisst. » So schreibt ein kriegserfahrener französischer Patriot, ein tiefer Denker, Admiral Réveillère[1]. Und diesen Gedanken vereinigt er, so erstaunlich es einem Deutschen vorkommen mag, mit dem folgenden : « So lange sich nur ein einziger Elsass-Lothringer weigert, deutsch zu werden, so lange haben wir nicht das Recht, ihn im Stich zu lassen. »

Die Ausgleichung dieser, den Deutschen widersprechend scheinenden Ideen, erfolgt ganz natürlich dadurch, dass, einige verspätete Chauvinisten ausgenommen (deren Gegenpartei übrigens in Deutschland auch existiert), kein Franzose an etwas Anderes denkt, als an Gambetta's « innewohnende Gerechtigkeit der Ereignisse », das heisst an einen friedlich vergeltenden Fortschritt der Kultur und der internationalen Gerechtigkeit. Die Franzosen rühmen sich vor allem, das Völkerrecht vor einem Jahrhundert gegründet zu haben; ihre momentanen, aber anfangs unver-

---

1. *Gaule et Gaulo's*, von Admiral Réveillère. Paris, Fischbacher, 1895.

le plus dangereux de sa patrie, et devrait réellement être poursuivi pour haute trahison.

« Qui demande la revanche? — Quelques grotesques dont on rit, quelques maniaques dont on s'impatiente. » C'est ainsi que s'exprime un patriote français qui a l'expérience de la guerre, un profond penseur, l'amiral Réveillère[1]. Et, si étonnant que cela puisse sembler à un Allemand, il unit cette pensée à la suivante : « Tant qu'un Alsacien-Lorrain se refuse à devenir allemand, nous n'avons pas le droit de l'abandonner. »

Ces deux idées sembleront contradictoires à tout Allemand; leur conciliation résulte pourtant tout naturellement de ce que, à part quelques chauvins attardés (qui ont d'ailleurs bien leur contre-partie en Allemagne), aucun Français n'a en vue autre chose que ce que Gambetta nommait « la justice immanente des choses », c'est-à-dire la pacification et la conciliation par le progrès de la civilisation et de la justice internationale. Les Français s'enorgueillissent avant tout d'avoir fondé, il y a cent ans, le droit des peuples; ils ont payé cher et regretté amèrement leurs dé-

---

1. *Gaule et Gaulois*, par l'amiral Réveillère. Paris, Fischbacher, 1895.

meidlichen Abweichungen von diesen Grundsätzen, haben sie teuer bezahlt und bereut, und aufrichtig haben sie vor, die schöne Rolle der Apostel der Freiheit und Gerechtigkeit fortan zu spielen.

Nun gerade haben sie sich selbst, durch diese ihre Grundsätze, das Recht versagt, Elsass-Lothringen als ein *Besitztum* ihres Vaterlandes zurückzuverlangen. Wer das Gegenteil behauptet, hat nicht die mindeste Ahnung von dem allerdings eigentümlichen Geiste dieses Volkes. Seiner Meinung nach, hat *weder Frankreich noch Deutschland* irgend ein *Recht* auf Elsass-Lothringen : ein solches besitzen nur *die Elsass-Lothringer*[1].

Was nun die Verwirklichung der deutschen Hoffnungen in Bezug auf unsere Germanisierung höchst unwahrscheinlich macht, ist, das wir diese Meinungsart mit den Franzosen, während der mit ihnen mitgemachten Revolution, aufgestellt haben,

---

1. Die verspätete Herausgabe dieses im Februar verfassten Aufsatzes, ermöglicht es mir, die bedeutende Rede des Republikpräsidenten Félix Faure in Nizza (4. März) zu erwähnen. Nachdem er erinnert hatte, wie Nizza sich zweimal freiwillig an Frankreich gegeben, und wie der Nationalkonvent sich weigerte, es zu annektieren, bevor der Wille der Einwohner durch freie Wahlen zur Schau gestellt worden sei, sagte Faure : « So hatte der Konvent den Grundsatz festgestellt, dass der Sieg nicht genügt, um dasjenige zu rechtfertigen, was von dem Willen eines freien Volkes nicht gebilligt worden. »

viations momentanées, mais inévitables, de ces principes; c'est en toute sincérité qu'ils assument le rôle d'apôtres de la liberté et de la justice.

Or, précisément en vertu de ces principes, ils se sont retiré à eux-mêmes le droit de réclamer l'Alsace-Lorraine comme une *possession* de leur patrie. Pour soutenir le contraire, il faut n'avoir aucune notion de l'esprit, à la vérité fort particulier, de ce peuple. Son idée est que *ni la France, ni l'Allemagne*, mais *seuls les Alsaciens-Lorrains* ont droit sur l'Alsace-Lorraine[1].

Or, ce qui rend hautement invraisemblable la réalisation des espérances allemandes, relatives à notre germanisation, c'est qu'en prenant part avec les Français à leur Révolution, nous avons conçu avec eux ces idées, et qu'elles sont essentiellement

---

1. Le retard apporté à la publication de cette étude, écrite en février, me permet de mentionner l'important discours prononcé à Nice le 4 mars par M. Félix Faure. Après avoir rappelé que, par deux fois, Nice s'est volontairement donnée à la France, et comment la Convention refusa de l'annexer avant que la volonté des habitants eût été mise en évidence par des élections libres, le Président ajouta : « Ainsi la Convention avait posé ce principe, que la victoire ne suffit pas à légitimer ce que n'a pas sanctionné la volonté d'un peuple libre. »

und dass eine solche geradezu unvertilgbar ist. Wird sie ja, selbst von den Deutschen, die sie nicht teilen, als eine höhere Stufe politischer Entwicklung bezeichnend betrachtet! Keine Reaktion kann uns in dieser Beziehung zurückführen : gegen das freie Denken ist die Gewalt machtlos.

* * *

Wie hätten aber die Deutschen daraus etwas zu befürchten?

In dieser unserer Stimmung besteht, trotz unserer langen und harten Unterdrückung, nicht die mindeste Spur von einer grundsätzlichen Feindseligkeit gegen Deutschland. Das Gegenteil zu beweisen, ist leicht.

Seit 1871 sind wir kein freies europäisches Volk mehr. Kein anderer Staat, als Deutschland, besitzt eine Provinz, welche ausser dem allgemeinen Recht leben muss, und deren Lage, durch eine einfache unverantwortliche Laune, jeden Tag in eine viel schlimmere geändert werden kann. Nichts mehr und nichts weniger sind wir, als die Einwohner einer deutschen Kolonie : gesetzlich stehen wir, dem deutschen Volke gegenüber, auf demselben Fuss, wie die Neger in Kamerun.

Eine Aenderung dieser nicht gerade schmei-

indéracinables. Aussi bien, même ceux qui, en Allemagne, ne les partagent pas, les considèrent-ils comme représentant un degré supérieur de développement politique. Aucune réaction ne pourra nous faire reculer sur ce point : la force est impuissante contre la pensée libre.

.*.

Mais comment peut-on voir là un danger pour l'Allemagne?

Malgré une longue et pénible oppression, ces dispositions où nous sommes n'impliquent aucune trace d'inimitié de principe contre l'empire. Il est aisé de prouver le contraire.

Depuis 1871, nous avons cessé d'être un peuple libre européen. L'Allemagne est le seul pays où il existe une province mise hors la loi, et dont la situation peut être rendue pire encore, du jour au lendemain, par l'effet d'un caprice irresponsable. Nous ne sommes rien de moins, et rien de plus, que les habitants d'une colonie allemande : légalement, nous sommes vis-à-vis du peuple allemand, sur le même pied que les nègres de Cameroun.

Mais il ne suffirait pas de modifier cette situa-

chelhaften und anziehenden Zustände würde aber noch nicht genügen.

Seit 1871 ist nämlich auch unsere Heimat zu einem Befestigungswerk zwischen zwei kriegsbereiten Heeren geworden. Und zwar gegen dasjenige Heer wurde diese Festung errichtet, in welchem wir zweihundert Jahre lang freiwillig und rühmlich gefochten.

So widerwärtig aber dieser letzte Punkt für uns ist, denkt keiner von uns an ein Umkehren des Verhältnisses. Wir sind Friedensleute, und sogar falls wir wieder französisch würden, dürfte unser Land keine Drohung gegen Deutschland bilden.

Seiner natürlichen Rolle gemäss, ist es kein Glacis (O über diese bismarckische Erfindung!), sondern eine zwischen zwei aneinander unentbehrlichen Kulturen geschlagene Brücke, das Freundschaftsband zwischen zwei eng verbündeten Nationen. Wir sind alle davon bewusst, dass diese edle Mission unserem Volke gebührt. *Wegen* Elsass-Lothringen sind Deutschland und Frankreich feind geworden : *durch* Elsass-Lothringen sollen sie versöhnt werden!

Dass kann aber nicht geschehen, so lange wir *aus Gewalt* deutsch bleiben müssen. So lange bleibt nämlich unser Land eine gegen Frankreich

tion vraiment peu flatteuse et peu propre à gagner nos cœurs.

Car l'année 1871 a fait aussi de notre patrie une forteresse entre deux armées prêtes à venir aux mains. Et l'armée contre laquelle est tourné ce rempart, est celle dans les rangs de laquelle nous avons combattu pendant deux siècles, volontairement et avec gloire.

Mais, si odieuse que nous soit cette circonstance, personne, chez nous, ne songe à retourner la situation. Nous sommes des pacifiques, et, au cas où notre pays redeviendrait français, nous n'admettrions pas qu'on en fît une machine de guerre contre l'Allemagne.

Par destination naturelle, il doit être, non un glacis (quelle triste invention de Bismarck!), mais un pont destiné à relier deux civilisations indispensables l'une à l'autre, un gage d'amitié entre deux nations étroitement unies. Nous avons tous conscience que telle est la noble mission de notre peuple. C'est pour l'Alsace-Lorraine que la France et l'Allemagne sont devenues ennemies; c'est par l'Alsace-Lorraine qu'elles doivent être réconciliées.

Mais cela ne peut arriver tant que nous serons Allemands *par force*. Aussi longtemps, en effet, notre pays restera une arme dirigée contre la

gerichtete Kriegsmaschine — also kein Versöhnungsinstrument —, und so lange können wir uns nicht wie brüderliche Vermittler an die Deutschen wenden. *Nur als freiwillige Bürger irgend eines Wahlvaterlandes* können wir diese edle, erlösende Rolle spielen.

— « Nun gerade », wird jeder Deutsche antworten, « eure Stimmung kann und wird sich mit der Zeit ändern. Mit der Zeit heilen alle Wunden und Trauer. Dereinst werdet ihr die peinliche Trennung verschmerzen, und als gute, treue Deutschen seid ihr dann die Vermittler der deutsch-französischen Freundschaft. »

— Nein, das kann nicht sein, in dieser Beziehung dass es zuviel Zeit erfordert. Darin liegt wieder eine « politische Illusion » der Deutschen, deren Flügel beschnitten werden sollen.

Nach mehrfach hundertjährigem Schlummer erwachten in diesem Jahrhundert zahlreiche Völker, deren Namen nur den Historikern bekannt blieben; heute noch, verlangen verschiedene Nationalitäten, nach langem bewusstlosen oder erzwungenen Schweigen, ihre heiligsten Rechte. Wie kann man sich einbilden, dass wir nach etlichen Dezennien auf unsere, von der öffentlichen Meinung einer freien, mächtigen Nation unterstützten Protestierung, verzichten werden?

France — c'est-à-dire le contraire d'un instrument de réconciliation ; — et, aussi longtemps, nous ne pourrons pas nous adresser aux Allemands en conciliateurs fraternels. Ce n'est que comme *citoyens volontaires d'une patrie choisie par nous* que nous pourrons jouer ce rôle rédempteur.

« Eh bien, justement, » répondra tout Allemand, « vos dispositions changeront avec le temps. Le temps guérit blessures et deuils. Un jour viendra où, consolés d'une séparation pénible, c'est en qualité de bons et loyaux Allemands que vous serez les artisans de l'amitié franco-allemande. »

— Non, cela ne peut être, car il y faudrait trop de temps. Ici encore on trouve une « illusion politique » des Allemands, à laquelle il est indispensable de couper les ailes.

Dans le courant de ce siècle se sont réveillés d'un sommeil plusieurs fois séculaire quantité de peuples, dont les noms n'étaient plus connus que des historiens ; aujourd'hui encore, après un long silence inconscient ou contraint, d'autres nationalités réclament leurs droits les plus sacrés. Comment peut-on croire que quelques dizaines d'années suffiront à nous faire renoncer à une protestation appuyée par l'opinion publique d'une nation libre et puissante ?

Freilich, würden wir zu guten, treuen Deutschen, so wäre die Frage erledigt. Ehe aber dies geschieht, *wird Europa durch Krieg, Bankrott oder Revolution, zu Grunde gerichtet!*

.*.

Seit wann, übrigens, ändert sich, dadurch dass sie sich verewigt, die höchste Ungerechtigkeit in Gerechtigkeit?

Gelegentlich muss ich hier ein Missverständniss beseitigen, in welches Ignotus mit vielen seiner Landsleute geraten ist. Vor einigen Monaten verfasste ein aufrichtiger Friedensfreund, welchem leider die elsass-lothringische Frage etwas ganz Unbekanntes ist, Herr A. H. Fried, eine Broschüre[1] mit folgendem, die Tendenz des Werkes beleuchtenden Motto aus Renan : « Wie viele Fragen in der Geschichte des armen Menschengeschlechtes wollen dadurch gelöst sein, dass man sie nicht löst! Nach Verfluss von etlichen Jahren ist man ganz überrascht, dass die Frage garnicht mehr vorhanden ist. » — Und seitdem wird dieses Flügelwort in Deutschland periodisch angeführt,

---

1. *Elsass-Lothringen und der Krieg, ein Friedenswort*, von A. H. Fried. Leipzig, Dieckmann, 1895 (Deutscher Text, mit französischer Uebersetzung).

Assurément, si nous devenions de bons et loyaux Allemands, la cause serait entendue. Mais avant que cette transformation ait pu s'opérer, la guerre, la banqueroute, ou la révolution, aura mené l'Europe à sa perte!

*
* *

Et d'ailleurs, depuis quand une suprême injustice, en s'éternisant, se transforme-t-elle en justice?

A ce propos, je dois dissiper un malentendu, dans lequel Ignotus est tombé avec beaucoup de ses compatriotes. Il y a quelques mois, M. A. H. Fried, un sincère ami de la paix, malheureusement fort peu au courant de la question alsacienne, publiait une brochure dont la tendance ressort de l'épigraphe suivante, empruntée à Renan : « Que de questions dans les affaires de cette pauvre espèce humaine il faut résoudre en ne les résolvant pas! Au bout de quelques années, on est tout surpris que ces questions n'existent plus[1]. » Et, depuis lors, ce mot est périodiquement cité en Allemagne, pour démontrer que la meilleure politique est celle de l'au-

---

1. *L'Alsace-Lorraine et la Guerre : une Parole de Paix*, par H. A. Fried. Leipzig, Dieckmann, 1895 (texte allemand avec traduction française en regard).

als ein Beweis, die Straussvogelpolitik sei die vernünftigste. So sprach auch Ludwig der XV. : « *Après nous le déluge!* »

Das wunderte mich sehr, und trieb mich zu einer, mir jedenfalls höchst angenehmen Untersuchung in des Meisterschriftstellers Werken. Wer nämlich Renan's treffliche Schrift *Was ist eine Nation*[1]*?* kennt, weiss auch, dass seine innige Meinung Herrn Fried's Aeusserungen entschieden entgegengesetzt war. Ich brauche nur auf das Vorwort des Buches *Discours et Conférences* zu deuten, in welchem er über dieses kleine Werk folgendes auffallendes Urteil fasst : « Das Stück in diesem Buche, welchem ich die grösste Bedeutung zuschreibe, und auf welches ich mir erlaube, den Leser aufmerksam zu machen, ist die Vorlesung *Was ist eine Nation?* Darin habe ich jedes Wort mit der grössten Sorgfalt überlegt; dies ist mein Glaubensbekenntniss über die menschlichen Dinge; und ist einmal die moderne Kultur durch die verhängnissvolle Zweideutigkeit der Worte *Nation, Nationalität*, und *Rasse*, zu Grunde gerichtet, so wünsche ich, man erinnere sich dieser zwanzig Seiten. Ich halte sie für durchaus richtig. »

[1]. Eine Vorlesung, in *Discours et conférences* (Paris, Calmann Lévy; auch Separatabdruck beim selben Verleger). Ist wohl das beste, was bis jetzt über die Nationalitätenfrage geschrieben worden.

truche. — Louis XV aussi disait : « Après nous le déluge ! »

Cela m'étonna fort, et me poussa à entreprendre une recherche, assurément pleine d'attrait, dans l'œuvre du maître écrivain. Il suffisait en effet de connaître l'admirable opuscule « *Qu'est-ce qu'une nation ?* »[1] pour savoir que l'opinion intime de Renan était directement opposée aux idées de M. Fried. On en jugera par la manière dont Renan parle de cette étude dans la préface de ses *Discours et Conférences* : « Le morceau de ce volume auquel j'attache le plus d'importance et sur lequel je me permets d'appeler l'attention du lecteur est, » dit-il, « la conférence *Qu'est-ce qu'une nation ?* J'en ai pesé chaque mot avec le plus grand soin ; c'est ma profession de foi en ce qui concerne les choses humaines, et, quand la civilisation moderne aura sombré par suite de l'équivoque funeste de ces mots : *nation, nationalité, race,* je désire qu'on se souvienne de ces vingt pages-là. Je les crois tout à fait correctes. »

1. Cette Conférence, publiée dans *Discours et Conférences* (Paris, Calmann Lévy), et parue également en tirage à part (même éditeur), est assurément ce qui a été écrit de meilleur sur la question des nationalités.

Und doch hat Renan den von Herrn Fried citierten Satz geschrieben.... *Aber*, darin handelte es sich nicht um die elsass-lothringische, sondern um die im Jahre 1867 künstlich und arglistig hervorgerufene, unbedeutende luxemburgische Frage[1]!

Hätte ich das Vergnügen Herrn Fried, den ich als Friedensapostel hoch schätze, persönlich zu kennen, so würde ich ihm raten, eine, auf solch eine Zweideutigkeit gegründete Arbeit, zu vernichten. Wenn ein grosser Geist, wie Renan, eine Meinung, mit solcher Bestimmtheit, als *sein Glaubensbekenntniss* erklärt, darf man ihm doch wirklich nicht das Gegenteil, mit Hülfe eines verdrehten Citates, zumuten!

* * *

Dass wir als « Deutschen zweiter Klasse » behandelt werden, das weiss jeder Mann. Der

---

1. Der Satz befindet sich in Renan's erstem Brief an David Friedrich Strauss, Seite 176 des Buches *La réforme intellectuelle et morale*. Beide Briefe gehören zu Renan's interessantesten Schriften. Besonders der zweite kann als ein Beispiel dieser feinen, köstlichen Ironie gelten, welche leider einen mit der französischen Sprache im höchsten Grad vertrauten Leser erheischt.

Et pourtant, Renan a bien écrit la phrase citée par M. Fried.... Seulement il n'y visait pas la question d'Alsace-Lorraine, mais bien l'insignifiante question du Luxembourg, artificiellement et perfidement soulevée en 1867[1]!

Si j'avais l'avantage de connaître personnellement M. Fried, pour lequel j'ai la plus haute estime en tant qu'apôtre de la paix, je lui conseillerais de détruire un travail qui repose sur une pareille équivoque. Quand un grand esprit tel que Renan déclare aussi nettement qu'une certaine opinion constitue sa « profession de foi », il n'est vraiment pas permis de lui imputer la tendance opposée, à la faveur d'une citation dénaturée!

.

En résumé, chacun sait que nous sommes traités en « Allemands de deuxième classe ». Et

1. Cette phrase se trouve dans la première *Lettre à Frédéric Strauss*, p. 176 du livre *La Réforme intellectuelle et morale* (Paris, Calmann Lévy). Les deux Lettres à Strauss comptent parmi les écrits les plus intéressants de Renan. La seconde, en particulier, peut passer pour un modèle de cette ironie fine et délicate, qui, malheureusement, exige du lecteur la connaissance la plus approfondie de la langue française.

höchste Grad des Liberalismus in Deutschland
— oder, besser gesagt, die grösste Bewilligung,
an welche die deutschen Liberalen schüchterne
Anspielungen wagen — besteht aber darin, dass
man uns verspricht, wenn wir hübsch artig
zu bleiben fortfahren, uns als Deutschen erster
Klasse zu behandlen.

Nun, das genügt nicht. Denn, so wie so, bleiben
wir, wie wir uns selbst heissen, « Mussdeutsche »,
und *Mussdeutsche wollen wir nicht bleiben.*

Das soll Jedermann in Europa erfahren.

Und nicht nur sind wir noch nicht deutsch
gesinnt, sondern deutsche Gesinnungen können
wir nicht frühzeitig genug gewinnen, um Europa
das furchtbarste Schicksal zu ersparen.

Wird nun einmal die civilisierte Welt dessen
überzeugt, so ist es unmöglich, dass man uns
nicht endlich in Stand setzt, frei auszusprechen,
was wir werden wollen, deutsch, französisch,
oder unabhängig. Jedermann, der Frankreich
andrerweise kennt, als durch grundsätzlich
feindliche Zeitungen, wird bestätigen, dass es
sich voraus feierlich verpflichten würde, das
Urteil der Elsass-Lothringer, *wie es auch sei,*

le summum du libéralisme en Allemagne — ou, pour mieux dire, la plus grande concession à laquelle les libéraux allemands osent faire de timides allusions — consiste à nous promettre que, si nous continuons à rester bien sages, on daignera nous traiter en Allemands de première classe.

Eh bien, cela ne suffit pas. Car, d'une manière comme de l'autre, nous resterions des « Allemands par force » (*Mussdeutsche*, comme nous disons), et nous ne voulons pas rester des Allemands *par force*.

Cela, il faut que tout le monde le sache en Europe.

Et non seulement nous ne sommes pas encore germanisés, mais il est impossible que nous le devenions à temps pour épargner à l'Europe le sort le plus épouvantable.

Une fois le monde civilisé bien convaincu de ces faits, il est impossible qu'on ne se décide pas à nous mettre en état de dire librement ce que nous voulons être : allemands, français, ou indépendants. Quiconque connaît la France autrement que d'après des journaux hostiles de parti pris, attestera qu'elle est prête à s'engager solennellement à l'avance, à accepter le verdict des Alsaciens-Lorrains, quel qu'il soit; qu'elle est prête, en outre,

anzuerkennen, und Deutschland dafür seine treue Freundschaft zu widmen, ungeachtet der glänzenden Entschädigung, die dem Reich zukäme, falls es seine lebendige Kriegsbeute einbüssen sollte : das wäre ja nichts anderes, als die praktische Anwendung der Grundsätze, in welchen der Ehrenpunkt dieses stolzen, edelmütigen Volkes steht.

Elsass-Lothringens Befragung ist die Bürgschaft und Bedingung der dringend notwendigen deutschfranzösischen Versöhnung.

PostsKRIPTUM. — Im Pariser *Temps* vom 18. April 1896 war folgende Korrespondenz zu lesen :

« Man schreibt uns aus Metz, dass Herr Louis Prevel, Student in Nancy, nach Metz zu seinem sterbenden Vater gerufen wurde. In aller Eile kam er um zehn Uhr morgens an, ohne sich mit der einem Ausgewanderten nötigen Erlaubniss versehen zu haben. Um fünf Uhr nachmittags wurde er auf die Polizei bestellt, wo ihm seine unmittelbare Vertreibung angezeigt wurde. Ohne zu seinem Vater zurückkehren zu dürfen, wurde er von einem Polizeidiener zur Eisenbahn geführt, und musste um sieben Uhr zweiundvierzig abreisen. »

à vouer à l'Allemagne l'amitié la plus fidèle, sans compter la brillante indemnité que l'empire obtiendrait, s'il perdait ainsi son butin animé. La France ne ferait là que mettre naturellement en pratique les principes dans l'affirmation desquels ce peuple fier et généreux place son point d'honneur.

La consultation de l'Alsace-Lorraine est le gage et la condition de la très urgente réconciliation franco-allemande.

———◇———

Post-scriptum. — Le *Temps* du 18 avril 1806 publiait l'information suivante :

« On nous écrit de Metz que M. Louis Prevel, étudiant à Nancy, avait été mandé de Metz auprès de son père mourant. Il arriva en toute hâte avant-hier, à dix-heures du matin, sans avoir, en sa qualité d'émigré en France, pris la précaution de demander une autorisation. A cinq heures du soir, il fut mandé à la direction de la police où un arrêté d'expulsion immédiate lui fut signifié. Sans avoir pu retourner chez son père, il fut mené par un agent au train qui partait à sept heures quarante-deux du soir. »

Hieraus kann man vieles über die Verhältnisse im eroberten Lande schliessen, sowie über die wahrscheinliche Stimmung der Bevölkerung, und über die Art und Weise auf welcher die Deutschen gedenken, die Fortschritte (!) der Germanisierung zu beschleunigen.

Zu beachten ist, dass dieses empörende Verfahren kein neues ist. Im Gegenteil, war es immer, seit 1871, in der Regel angewandt. Das interessante aber ist, dass die Deutschen behaupten, die Zeit der Gewaltsmassregeln sei nun in Elsass-Lothringen vorüber; dass man im Reichstage und in den Zeitungen erklärt, die Bevölkerung sei mit dem Bestehenden zufrieden; dass endlich, wie oben erwähnt, die wolmeinenden Schriftsteller verlangen, man verfahre künftig strenger gegen uns.

Um Gott, was soll denn aus uns werden!

2ᵗᵉˢ Postskriptum. — Den 10. Mai begegnen in Metz zwei Offiziere auf der Strasse einem harmlosen Paar, Herrn und Frau Thomas. Der eine verlangt, die Dame lasse ihm das Trottoir (!), und stösst sie hinab. Ihr Gatte protestiert, und mit einem Säbelhiebe wird ihm der Kopf gespalten.

Dasselbe Los hatte ein Jahr früher (den 10. Mai 1895), Herrn Messang, Landwirt in Niederweiler, betroffen. Auf dem Wege aus Saarburg zurück, begegnet er einer Batterie, und lässt seinen Wagen auf der Seite der Strasse halten, um den Weg frei zu lassen. Ein Unteroffizier schärft ihm ein, weiter zurückzutreten. Er antwortet, er kann's nicht, und in der Tat fährt die Batterie ohne Hinderniss vorüber. Der Unteroffizier reitet zurück, und haut Herrn

Voilà qui en dit long sur la situation du pays conquis, les sentiments vraisemblables de la population, et les moyens employés par les Allemands pour hâter les progrès (!) de la germanisation.

Il faut noter que ce procédé révoltant n'est pas nouveau. Il a toujours été, au contraire, de pratique courante chez nous. Seulement, ce qui est intéressant, c'est que les Allemands prétendent que le temps des rigueurs est passé en Alsace-Lorraine; c'est qu'on déclare, au Reichstag et dans la presse, que la population est satisfaite; c'est enfin que, comme on l'a vu plus haut, les écrivains bien pensants demandent que l'on sévisse plus énergiquement à notre égard.

Que veulent-ils donc qu'on nous fasse, grand Dieu!

2° Post-scriptum. — A Metz, le 10 mai dernier, deux officiers rencontrent dans la rue un couple inoffensif, M. et Mme Thomas. L'un d'eux prétend que la dame lui cède le trottoir (!) et la bouscule. Le mari proteste, et a le crâne fendu d'un coup de sabre.

C'est le pendant de l'aventure arrivée un an plus tôt (le 10 mai 1805), à M. Messang, cultivateur à Niderviller. Revenant de Sarrebourg, il rencontre une batterie d'artillerie, et gare sa voiture sur le bord de la route pour laisser le passage libre. Un sous-officier lui enjoint de s'effacer davantage. Il répond qu'il ne le peut pas, et, en fait, la batterie passe sans encombre. Le sous-officier revient sur ses pas, et assène à M. Messang deux formidables coups de

Messang zwei mächtige Hiebe auf den Kopf. — Zuerst glaubte man, der arme Mann wäre tot; doch wurde er gerettet. — Nach dem *Lorrain*, liess die Kommandantur den beiden Saarburger Zeitungen verbieten, von der Sache zu sprechen. Der Unteroffizier blieb unbestraft.

Darauf werden die Deutschen antworten, das alles wäre durchaus nicht erstaunenswert, und zeige keineswegs, dass man uns besonders böse sei, da sie ja selbst, in Alt-Deutschland, auf derselben Weise misshandelt werden : man würde uns also ein zweckloses Vorrecht verleihen, wenn man uns der Aussicht entziehen wollte, von Leuten, welche die Ehre haben, den Königsrock zu tragen, ohne irgend einen Grund umgebracht zu werden.

Ganz richtig. Wir sind civilisierte, an andere Sitten gewohnte Menschen. Wir wollen dieses Baschi-Buzucks-Regime los werden.

sabre sur la tête. — Aux premières nouvelles, on crut que la victime était morte. Elle put cependant se tirer d'affaire.

— D'après le *Lorrain*, le commandant de la garnison fit défendre aux deux journaux de Sarrebourg d'insérer le fait. Le sous-officier ne fut pas inquiété.

Les Allemands répondent que tout cela n'a rien d'étonnant, et ne prouve nullement qu'on nous en veuille d'une manière spéciale, car eux-mêmes, à l'intérieur de l'empire, sont traités de même : ce serait nous faire une faveur gratuite que de nous soustraire à la chance d'être massacrés sans rime ni raison par des hommes qui ont l'honneur de porter l' « uniforme du roi ».

Précisément. Nous sommes des hommes civilisés, habitués à d'autres mœurs. Nous voulons être soustraits à ce régime de bachi-bouzouks.